Albert Eberhard Friedrich Schäffle

Die Aussichtslosigkeit der Sozialdemokratie

Drei Briefe an einen Staatsmann

Albert Eberhard Friedrich Schäffle

Die Aussichtslosigkeit der Sozialdemokratie
Drei Briefe an einen Staatsmann

ISBN/EAN: 9783743661431

Hergestellt in Europa, USA, Kanada, Australien, Japan

Cover: Foto ©Suzi / pixelio.de

Weitere Bücher finden Sie auf **www.hansebooks.com**

Die Aussichtslosigkeit der Socialdemokratie.

Drei Briefe an einen Staatsmann.

Von

Dr. Albert E. Fr. Schäffle,
k. k. österr. Minister a. D.

Zweite unveränderte Auflage.

―――――

Tübingen 1885.
Verlag der H. Laupp'schen Buchhandlung.

Inhalt.

Seite

Erster Brief:
Zur vergleichenden Characteristik der Socialdemokratie 1

Zweiter Brief:
Zur wissenschaftlichen Kritik der Socialdemokratie 23

Dritter Brief:
Zur positiven Bekämpfung der Socialdemokratie 51

Erster Brief.

Stuttgart, 15. Dezember 1884.

Verehrter Freund!

Aus Ihren lieben und werthen Zeilen vom 5. d. ersehe ich, daß die allerneuesten Wahlsiege der deutschen Socialdemokratie auch in Oesterreich den rothen Schrecken wieder vermehrt haben. Sie fordern mich eindringlich auf, ich möge Ihnen mein Versprechen vom Jahre 1878 und Ihren Wunsch erfüllen.

Damals war ich allerdings eben daran gewesen, zur „Quintessenz des Socialismus", welche der socialdemokratische Wahlsieg von 1874 — genau vor zehn Jahren — harmlos hat entstehen lassen[1]), die nothwendige kritische Ergänzung und ein positives Gegenprogramm zu schreiben. Diese — wie Sie sagen — „kritisch-positive" Ergänzung wollen Sie jetzt haben und schlagen hiefür einen Briefwechsel vor. Gleichzeitig geht Ihr Wunsch dahin, ich möge die „bekannten persönlichen Verdächtigungen" abweisen, „klipp und klar".

Gestatten Sie mir vor Allem die Bemerkung, daß mein Versprechen von 1878 längst erfüllt wäre, wenn das deutsche Socialistengesetz desselben Jahres meiner Zusage sich nicht an die Ferse geheftet hätte.

Die Schriften haben nach dem lateinischen Sprüchwort eigene Geschicke. Im J. 1878 kam meine „Quintessenz" zwei Tage lang auf den Index des Ausnahmsgesetzes; hätte ich sofort meine Absicht ausgeführt und wäre gegen die Socialdemokratie ins Zeug gegangen, so hätte es geheißen: laudabiliter se subjecit! (klein beigegeben!) Das konnte ich nicht wollen. Nicht blos hätte ich dem Herrn von Quadt an der K. Regierung in Oppeln, der mich vor der gebildeten Welt proscribirte, einen unverdienten Erfolg verschafft. Ich hätte — und darauf kam es allein an — den Erfolg der „kritisch-positiven" Ergänzung auf

---

[1]) Vergl. die Vorreden zur „Quintessenz".

das Spiel gesetzt. Die Einlullung in Trostsprüche anmaßender Un=
wissenheit, welche durch die „Quintessenz" mit Erfolg beseitigt waren,
und die Wiedereinschläferung der Schichten, deren Auferweckung es
galt, waren Dinge, die mir nicht in den Sinn kommen konnten.
Vielmehr verschärfte ich in dem eben damals unter der Presse befind=
lichen dritten Bande meines Werkes „Bau und Leben des socialen
Körpers" die Polemik gegen die landläufigen Beschwichtigungspflaster
der Hausökonomisten des Liberalismus, obwohl es ein Leichtes
gewesen wäre, den Band in usum Delphini, d. h. unverfänglich,
nach dem Geschmack der augenblicklichen Strömung noch zuzustutzen.

In einer zweiten Richtung ist mir damals das deutsche Socia=
listengesetz in die Quere gekommen. Dieses Gesetz war ein „Maul=
korbgesetz" und schloß die Socialdemokratie bei strenger Ausführung
so fest, daß sie nicht einmal mehr mit der Kette rasseln, nicht beißen
noch bellen und Angriffe nicht widerlegen konnte, zum Vortheil der
„Freisinnigen", welche sofort desto stärker zu beißen suchten und desto
lauter wirklich bellten. Ueber einen Gegner eben dann herzufallen,
wenn er so den Knebel in den Mund bekommen hat, ist meine Sache
nicht. Die Ihrige auch nicht, — Sie gaben mir damals Aufschub.

Jetzt allerdings ist die Lage eine andere geworden. Nicht blos
persönlich ist für mich über die v. Quadt'sche Unbill erfreulich viel
Gras gewachsen, sondern die Socialdemokratie selbst hat auf der Tri=
büne wieder eine Stellung, wie vor dem Socialistengesetz; man läßt
sie auch außerhalb des Reichstages mit längeren Ketten rasseln, sie
predigt siegesgewiß wieder die „Aenderung des ganzen Systems".
Der Zweck der „Quintessenz" (erster Theil) ist erfüllt; die Welt
weiß jetzt auch aus vielen anderen Quellen, was der Socialismus
besagt und bedeutet. Die Welt weiß dagegen noch lange nicht genug,
wie der Socialismus — kritisch und praktisch — zu bekämpfen ist.
Die eingehende Kritik des socialdemokratischen Programms und die
praktische („positive") Bekämpfung des letzteren auf der ganzen Linie
des Angriffes ist nicht blos erlaubt, sondern nothwendig, nicht blos
zeitgemäß sondern unaufschieblich. Daher komme ich Ihrer Auffor=
derung sehr gerne nach.

Es ist nicht das erste Mal, daß wir uns über den Gegenstand
besprechen. Erinnern Sie sich der oft recht heiteren Stunden, die
wir schon im Jahre 1871 am Abend von Tagen voll Arbeit und
Kampf erlebten, als wir die internationalen Polizeiberichte über die
Pariser Kommune lasen und das Ragout beschauten, welches einer
„Internationale der Regierungen" aufgetischt werden sollte? Die das

erlaubte Maß überschreitende Unwissenheit der Diplomatie und Polizei über den Sinn des Socialismus und über die Mittel seiner Bekämpfung hat unsere Lachmuskeln damals oft in Bewegung gesetzt. Heute dürfen wir uns mit einiger Genugthuung gestehen, daß wir vor vierzehn Jahren, als wir die Ausnahmsgesetze wider die „schwarze" und die „rothe Internationale" zugleich widerriethen und denselben jeden Erfolg absprachen, etwas weiter gesehen haben, als unsere einflußreichsten österreichischen Gegner, auch weiter als die liberalen Journalisten und die zum Programmmachen kommandirten Hofräthe.

Warum ich diese Erinnerung wach rufe? Auch jetzt bin ich im Begriff, der Tagesmeinung wider den Strich zu fahren, was bekanntlich nicht dankbar ist. Ich theile nämlich die Angst Ihrer Freunde vor dem rothen Schrecken nicht nur nicht, ich behaupte die völlige Aussichtslosigkeit der Socialdemokratie, und muß sie beweisen, wenn ich Ihre Aufforderung erfüllen soll. Mir sind die neuesten Wahlsiege der Socialdemokratie nicht nur nicht unerwartet gekommen, sie schrecken mich auch gar nicht.

Was beweisen denn diese Siege? Daß einige Hunderttausende von Wählern unzufrieden sind, was allerdings alle Beachtung verdient; daß dieselben Hunderttausende vom Liberalismus und von der bürgerlichen Demokratie Nichts mehr erwarten; daß die positive Bekämpfung des Socialismus, die kaum erst eingeleitet ist — am 1. Dezember trat die Krankenversicherung in Kraft — noch nicht fühlbar ist; daß das Maulkorbgesetz die eigene und unausbleibliche innere Zersprengung der Socialdemokratie in Atome verhindert hat. Dieß ist Alles! Lassen Sie getrost nochmals soviel Socialdemokraten in die Reichstage kommen, und genöthigt sein, das positive Programm, mit welchem sie auch jetzt wieder hinter dem Berge halten wollen, ins Einzelne zu entfalten, so wird erst recht keine ernste Gefahr sein. Die ganze Fülle der „positiven Bekämpfung" wird herausgenöthigt werden und das socialdemokratische Prinzip bei den Proletariern selbst aus dem Felde schlagen. Vorsicht gegen Putsche und Wühlereien ist zwar am Platze, positive und dauernde Siege der Socialdemokratie halte ich mehr als je für unmöglich.

Trotzdem gehe ich auf Ihren Wunsch ein.

Ich darf Ihnen sogar mehr in Aussicht stellen, als Sie verlangen. Der Socialismus ist in der „Quintessenz" nur nach seinen volkswirthschaftlichen Forderungen und Folgerungen beachtet worden; die Klugheit gebot diese Einschränkung. In Wirklichkeit ist er eine ganze Weltanschauung, wie Herr B e b e l sagt: Atheismus in der Religion,

demokratischer Republikanismus im Staat, Collectivismus (Staats=
production) in der Volkswirthschaft, und darf man hinzusetzen, maß=
loser Optimismus in der Ethik, naturalistischer Materialismus in der
Metaphysik, Lockerung des Familien= und Ehebandes oder daran
Streifendes im Hause, Staatserziehung in der Pädagogik, allgemeine
Aufklärerei im Unterricht. Das Ganze heißt Freiheit und Gleichheit
mit Accentuirung der letzteren. Die Kritik und positive Bekämpfung
muß sich daher dem Socialismus auf dieser ganzen Linie seiner
Weltanschauung entgegenwerfen, um ihn zu überwinden. Ich werde
dieß in den folgenden Briefen an Sie mit Ihrer Zustimmung ver=
suchen. Dennoch hoffe ich dafür nicht viel mehr Raum in Anspruch
nehmen zu müssen, als die Auseinandersetzung des volkswirthschaftlichen
Socialismus durch die „Quintessenz" in Anspruch genommen hat.
Das Nächste und Hauptsächliche soll gleichwohl die kritische und po=
sitive Entgegensetzung auf volkswirthschaftlichem Gebiete sein und
bleiben.

An was soll ich mich dabei halten? Ueber seine einzelnen posi=
tiven Forderungen und Folgerungen, über das Nähere seiner die so=
ciale Welt umgestaltenden Gesellschaftsorganisation, selbst über die
Mittel und Maßregeln des Ueberganges, hat sich der Socialismus
noch nicht endgültig ausgesprochen. Ich vermuthe, daß er nicht
blos aus agitatorischer Klugheit, sondern auch deßhalb so zugeknöpft
ist, weil er selbst ein ausgearbeitetes und zum Parteibekenntniß ge=
wordenes Ausführungsprogramm nicht besitzt. Nur die Kritik — die
Kritik besonders gegen den politischen Individualismus genannt Li=
beralismus und gegen den ökonomischen Individualismus genannt
Kapitalismus — ist seine eigentliche Stärke und sagen wir es offen,
sein großes Verdienst. Beim positiven Aufknüpfen käme dagegen
ganz gewiß nur ein Schock von Gegensätzen und Meinungsverschie=
denheiten der Führer, eine Fluth von handgreiflichen Unmöglichkeiten
und Tollheiten zum Vorschein. Die Socialdemokratie wird noch länger
mit dem Endziel hinter dem Berge halten und ihr Schweigen hinter
das Ausnahmsgesetz verschanzen.

Unwidersprochen hat aber die Socialdemokratie auch in der
neuesten Agitation Eines durchblicken lassen: die Abschaffung des
Privateigenthums an den Productionsmitteln, die „Aenderung des
ganzen Systems", und ihre Literatur hat viel zu deutliche Commentare
zu dieser Grundforderung gegeben, als daß man nicht immer noch
— loyalste Berichtigungen vorbehalten! — das Programm des re=
volutionären Socialismus so, wie es in der „Quintessenz" dargelegt

und erklärt ist, der Erörterung zu Grunde legen dürfte. Der einzig denkbare und daher discutirbare Lehrbegriff der „Arbeiterpartei" ist volkswirthschaftlich der „Collectivismus" der Socialdemokratie. Ich folge daher Ihrem mitten in die Sache hineinführenden Vorschlag, den Collectivismus als Anhaltspunkt der Erörterung festzuhalten.

Nach der „Quintessenz" bedeutet nun der Collectivismus: fernerhin kein Privateigenthum und keine Privatbeerbung an den Mitteln der Production (Abschaffung des Privatkapitals, „Kapitals" im Sinne der Socialisten); Einführung des gesammtheitlichen („collectiven", staatlichen) Eigenthums an den Productionsmitteln; auf Grundlage dieses „Collectiveigenthums" einheitlicher Betrieb der Production in öffentlichen (staatlichen, corporativen, kommunalen) Productionsgruppen und Gruppensystemen; öffentlichrechtliche Organisation auch der Zutheilung des (nach Befriedigung des öffentlichen Bedarfes noch vertheilbaren) Güter-Ertrages der Collectivproduction — sei es nach Verhältniß des individuellen Arbeitsbeitrages, wie die Socialdemokratie will, sei es gleich oder nach dem individuellen Bedürfniß, wie das der „eigentliche" gleichheitsfanatische „Communismus" haben zu wollen scheint. Die Verwirklichung dieser Forderungen bedingt einleuchtender Weise die Aufhebung der ganzen privatwirthschaftlichen Ordnung der jetzigen Gesellschaft: die völlige Abschaffung aller Privatdienstverhältnisse (des „Lohnsystems" oder „Salariates"), die völlige Beseitigung des privaten Verkehrs in Sachgütern, Dienstleistungen und Sachgüternutzungen, also die Aufhebung des Handels, des Marktes, des Hartgeldes, des Kredits, die Ausschließung aller Arten von Zins und Rente, unter Einführung der öffentlichen Arbeitsbesoldung als einziger Einkommensform. Die Anarchisten wollen alle diesen schönen Sachen auch, nur „ohne Regierung", da diese immer wieder Ausbeutung sein werde; gewisse „Mutualisten" wollen brüderliche Gegenseitigkeit, frei aus dem allgemeinen Gerechtigkeitssinn heraus. Beide sind consequent, aber confus, sie wollen das Ziel ohne das einzig mögliche Mittel. Der allein denkbare Socialismus ist und bleibt bis auf Weiteres die centralistisch organisirte, allgemeine und ausschließliche Collectivproduction der Socialdemokratie.

Ja — allgemein und ausschließend muß die socialdemokratische Collectivproduction sein. Anders bleibt nicht blos vom bisherigen Kapitalismus übrig, sondern der Verkehr mit diesem Rest kapitalistischer Volkswirthschaft würde auch den collectiv gestalteten Theil der Erzeugung und Zutheilung der Güter an die „Ausbeuter" preisgeben und nicht einmal theilweise könnten die Arbeiter mit dem ganzen Ertrag ihres Antheils an der Socialarbeit betheilt werden. Also die Collectivproduction entweder ganz oder es ist Alles eitel! Vollends die Concurrenz von „Productivgenossenschaften" wäre nur eine neue Form kapitalistischer Production, welche mit Erwerbsgesellschaften und mit anderen Arten der Privatunternehmung in Concurrenz treten würde, um Dritte selbst „auszubeuten" oder von ihnen ausgebeutet zu werden. Nur als Section einheitlicher Collectivproduction wäre die Productivgenossenschaft socialistischer Natur; die positive Socialpolitik kann nur wünschen, daß die freie Productivgenossenschaft zu verhältnißmäßiger Verbreitung komme, um Arbeitern von gesteigertem Selbstgefühl Unterkunft zu geben, ein Mittel der „Freiheit und Gleichheit Aller" kann aber die freie, auch die mit wohlfeilem Kredit und selbst die mit Staatskredit bedachte freie Productivgenossenschaft nie und nimmer werden.

Man kann sich nicht genug davor hüten, allen und jeden öffentlichrechtlichen Betrieb wirthschaftlicher und sonstiger Socialfunctionen Socialismus zu nennen, d. h. Socialdemokratie und Collectivwirthschaft zu verwechseln. Der Collectivismus der Socialdemokratie bedeutet Centralisation aller Produktion auf demokratischem Fuß zum Zweck gleicher oder wenigstens verhältnißmäßiger Austheilung von Arbeit und Genuß, ausschließend, allgemein und plötzlich, mit Abschaffung des Lohnverhältnisses. Die Ausbildung von Collectivhaushalten zum Zweck der besten Verwirklichung bestimmter gemeinsamer Zwecke unter festen Autoritäten ist nicht Socialdemokratie, selbst dann nicht, wenn Staaten oder Gemeinden oder Corporationen für einzelne Zweige der Production Collectivhaushalte errichten. Solche Collectivwirthschaft steht im Gegensatz zur Zukunftsmusik des reinen Collectivismus. Dieselbe besteht auch schon von uralten Zeiten her und ist in fortwährendem Wachsthum begriffen. Die Volkswirthschaft ist längst ein Ganzes nicht blos von erwerbsüchtigen Privatgeschäften, sondern auch von solidarischen Gegenseitigkeits- und Genossenschaftswirthschaften, von vereinsmäßigen Gemeinnützigkeitshaushalten, von privaten und stiftungsmäßigen Wohlthätigkeitszuwendungen, endlich und namentlich von Staats-, Gemeinde- und Corporationsbetrieben und von öffentlichen Wirthschaftsführungen. Es kann einst kommen, daß der Staat oder die Gemeinde sogar diesen oder jenen Productionsbetrieb weiter an sich zieht, daß man die darin angestellten Arbeiter in neuen Betriebs-, Einkommens- und Abrechnungsformen zu ganz neuen nationalen Organisationen zusammenzieht, was sich ja gar nicht absehen läßt. Wenn es nur geschehen wird, um die öffentliche Production in dem Maße einzuführen, als sie allein oder besser fähig ist, das untheilbare Gesammtinteresse und die Privatinteressen der Producenten wahrzunehmen, so wäre von Socialismus im stricten heutigen Sinn des Wortes noch immer nicht die Rede; die kapitalistische Production behielte ihr Recht, wo und soweit sie im Interesse des Ganzen die Production, Umsetzung und Einkommenszutheilung innerhalb privat= und öffentlichrechtlicher Ordnung besser vollzieht; es wäre nicht darauf abgesehen, alle Production und Güterzutheilung gemeinwirthschaftlich zu gestalten; noch weniger darauf, das Ganze rein demokratisch zu organisiren und zu regieren, geschweige in der Richtung auf gleichen Genuß aller Einzelnen die allgemeine Collectivwirthschaft nach Einer und derselben Productions= und Zutheilungs=Schablone auszugestalten. Das Wesen der Socialdemokratie ist nicht die Staats= oder Gemeindewirthschaft, nicht einmal ein Mehr oder Weniger Güterproduction unter öffentlicher Autorität, sondern die ausschließliche und allgemeine Collectivproduction und Collectivzutheilung der Güter mit Beseitigung der „kapitalistischen Productionsweise" und des Lohnverhältnisses, im Dienste der individuellen Freiheit und Gleichheit Aller, auch der Proletarier, mit demokratischer Regierungsform — kurz: der demokratische Collectivismus. Eine stark öffentlichrechtliche Güterproduction ohne demokratische Organisation ist denkbar, für sehr späte Zeit vielleicht wahrscheinlich). Undenkbar und unmöglich für alle Zeiten ist die vollständig und plötzlich eingeführte Collectivproduction mit Ausschluß jeder autoritären Organisation im vermeintlichen Interesse der ungebundenen Freiheit und der radicalen Gleichheit aller Individuen. Den Kern des eigentlich historischen, die Welt gegenwärtig aufregenden Socialismus bildet eben diese Nivellirung der ganzen Volkswirthschaft nach der Schablone des Collectivismus im Namen der Freiheit und Gleichheit, mit Accentuirung der letzteren im angeblichen Interesse des Industrieproletariates. Davon sind die sogen. positive Socialpolitik und die positive Staatswirthschaft himmelweit entfernt; selbst bei äußerst antikapitalistischer Weiterentwicklung der Technik könnte der Staat nur einen beschränkten Theil der Gesammtproduction und diesen nur wegen Leistungsunfähigkeit oder Schädlichkeit der kapitalistischen Production äußerst langsam an sich ziehen, zu schweigen davon, daß die positive Wirthschaftspolitik weit davon entfernt ist, aus einer atheistisch=republikanischen Weltanschauung zu kommen. Ich schlage Ihnen deßhalb vor, für den „Staats=" oder „Katheder"=Socialismus genannten Positivismus der Socialreform und der activen Staatswirthschaft in unserem Briefwechsel die

Bezeichnung Socialismus ganz fallen zu lassen und unter Socialismus schlechtweg den revolutionären Socialismus, den ausschließenden und rein demokratischen Collectivismus in der Volkswirthschaft, den rein volkssouveränen Republikanismus im Staat, den naturwissenschaftlich angestrichenen Materialismus in der philosophischen Metaphysik, den weltverbesserungssüchtigen Optimismus in der Ethik, den Atheismus in der Religion anzusehen. In diesem Sinne dürfen „Socialismus", „Communismus", „Socialdemokratie", „Anarchismus", „Mutualismus" und dergl. als wesentlich zusammengehörige Erscheinungen gelten, welche nicht bloß dem Liberalismus, sondern auch und weit mehr einer positiven Socialpolitik entgegengesetzt sind. Die letztere läßt jede Organisationsform zu ihrer relativen Geltung im untrennbaren Interesse des Ganzen und aller Einzelnen gelangen. Sie nimmt hievon die kapitalistische Productionsweise nicht aus, sondern unterstellt die letztere lediglich den Bedingungen und Schranken, unter welchen auch der kapitalistische Erwerbstrieb im ganzen Anwendungsbereich der Privatproduction ihm selbst unbewußt als Träger des Gesellschaftsinteresses walten muß.

Am besten erkennt man den Abstand des Socialismus von der positiven Socialpolitik, wenn man zuvor ebenso seine Verwandtschaft mit dem, wie seinen Gegensatz gegen den Liberalismus (Kapitalismus) vollständig erfaßt hat.

Scheinbar ist der Socialismus der reine Gegensatz gegen den Liberalismus. Und wahr ist, daß er am Liberalismus die Einseitigkeiten und Gebrechen kritisch so glänzend und ätzend aufgedeckt hat, wie der Liberalismus den Feudalismus und Absolutismus entblößt und zertrümmert hat. Beide, Liberalismus und Socialismus, sind gleichwohl Kinder Eines Geistes, nämlich des Individualismus und Kriticismus, ein siamesisches Zwillingspaar, siegreich dem Positivismus eines abgelebten Zeitalters gegenüber, aber einseitig und nichtig gegenüber dem Positivismus einer neuen Zeit. Der „Positivismus" zeitgemäßiger „Socialreform" bezielt das Gegentheil beider und ist aus ganz anderem Geiste. Er erstrebt — mit Hülfe der kritischen Errungenschaft der Liberalen dem Feudalismus und Absolutismus gegenüber und mit Hülfe der kritischen Errungenschaft der Socialisten dem Liberalismus gegenüber — das historisch mögliche höhere Maß von Freiheit und Gleichheit durch Weiterbildung auch des neuesten Rechts, für dessen Sonne es ebenfalls kein Thal Ajalon giebt. Er erklärt das Kapital dem gesellschaftlichen Interesse dienstbar, ohne es abzuschaffen; er beansprucht für den Lohnarbeiter auch im Privatlohnverhältniß die Stellung und das Einkommen eines Berufsarbeiters der Gemeinschaft; er schneidet die schrankenlose Freiheit der Ausbeutung durch die Kapitalübermacht ab; er führt die gemeinwirthschaftliche Organisation furchtlos nur da ein, wo die privatwirthschaftliche un= möglich, schädlich oder leistungsunfähig ist. Der Socialismus da= gegen verlangt demokratisch regierte Collectivproduction voll und ganz, im Interesse der Freiheit und Gleichheit Aller, auch der Masse der proletarischen Individuen. Möglichst wenig Arbeit bei allgemeinem Studieren oder — Sichvergnügen, die lästige und unerläßliche Arbeit ganz gleich ausgetheilt, den dreistündigen Arbeitstag und das allgemeine Stiefelputzenmüssen! Dafür möglichst viel, aber für Alle gleich viel Genuß: entweder keinen Champagner oder für Alle gleich viel. Mög= lichst keine Regierung (Anarchismus) oder doch gleichen Antheil Aller an der Regierung in absoluter Volkssouveränetät der Wählerindivi= duen. Das ist nicht die Anerkennung der Gemeinschaft neben dem Individuum zum untheilbaren Vortheil des Ganzen wie jedes Ein= zelnen als Gliedes der Gemeinschaft. Die Gemeinschaft ist auch da nur Mittel des absoluten Freiheits= und Gleichheitszustandes Aller. Es ist immer noch und mehr als bei den Liberalen extremer Individua= lismus, Individualismus in allgemeiner Verwirklichung und in der Potenz der Schlaraffenphantasie des Proletariates.

Auch dieser äußerste — socialistische — Individualismus, mußte kommen, er ist ein berechtigtes, ja ein nothwendiges System des „sub= jectiven Kriticismus"! Wohl waren viele Liberale im besten Glauben der Ueberzeugung gewesen, daß in Deutschland mit dem Jahre 1848 politisch und mit der liberalen Gesetzgebung bis 1879 wirthschaftlich die Freiheit und Gleichheit erreicht gewesen, und daß nun eigentlich die beste der möglichen Socialwelten hergestellt sei. Aber nur der liberale Individualismus stand da im Zenith einseitigster Geltung und eines maßlos zufriedenen Optimismus. Freiheit und Gleichheit waren nicht für Alle erreicht, sondern nur für die Inhaber großen Ver= mögens, hoher Bildung und vornehmer Abkunft. Diese Welt sollte aber — so hatte es der Liberalismus selbst verheißen, als er revo= lutionär und noch nicht gesättigt war, — in allgemeiner Freiheit und Gleichheit der Individuen glücklich werden; es fehlte die Verallge= meinerung, die Gleichheit an Glück, Lebensgenuß und Einfluß für Jedermann, auch für die Klasse der Proletarier. Diese extreme aber ganz folgerichtige Wendung vom nur liberalen Individualismus hin= weg ergab den communistisch=socialistischen Individualismus mit der Maxime: materiell gleiche, mindestens der Arbeitsleistung angepaßte

Betheiligung Aller am diesseitigen Lebensglück, frei von „Wechseln auf den Himmel", in eigener demokratischer Freiheits=Regie Aller durch alle Einzelnen.

Es ist lediglich Schein, wenn der Collectivismus als einen vollen Umschlag des Liberalismus in dessen Gegentheil sich darstellt. Gilt es, Allen Freiheit und gleichen Lebensgenuß zu verschaffen, so kann allerdings wenigstens der praktische Collectivist Gemeinschaft, den Staat, nicht umgehen, aber auch er benützt diesen nur als Mittel für die Einzelnen. Der Collectivismus bleibt noch mitten im Ueberschlagen zum Staatsabsolutismus mit Haut und Haar dem Individualismus verpfändet. Er ist, wie der Liberalismus, durch und durch subjectivistische Weltanschauung des zur Neige gehenden, der Neustzeit vorangehenden kritischen Weltalters. Beide sind zwar Feinde unter sich, aber es giebt von jeher auch feindliche Brüder, unliebenswürdig gegen einander, der ältere Anerbe hochmüthig, der jüngere neidisch und flegelhaft, ohne daß sie von einander loskommen können. Der Liberalismus und der Collectivismus sind solche siamesische Zwillinge, geboren aus der gemeinsamen kritischen Auflehnung des Individuums gegen die nicht mehr haltbare positive Gesellschaftsordnung des Mittelalters und des Absolutismus. Sie verneinen stets, bringen es aber wider ihren Willen durch ihre Fehler zu Stande, das Gute zu schaffen, eine neustzeitliche positive Gesellschaftsauffassung vorzubereiten und zu solcher zuletzt geradezu zu zwingen. Der Collectivismus ist aber auch als Geist, der stets verneinend das Positive und Gute anregt, eben doch immer nur Verneinung — im Sonder=Interesse aller, nicht blos der bevorzugten Individuen, — sein Boden ist und bleibt der Individualismus, seine Stärke ist nur der Criticismus, sein Gegensatz ist nicht der Liberalismus. Vielmehr ist des Liberalismus und des Collectivismus wahrer Gegensatz und unwiderstehlicher Widersacher der „Positivismus", nur nicht derjenige jener geschichtlich schon abgelebten „alten" Gesellschaftsordnung der Reactionäre und Altkonservativen, sondern der Positivismus, welcher in Glaube, Sitte, Recht und Volkswirthschaft positive zeitgemäße Fortbildungen der bestehenden Gesellschaft — ohne Beeinträchtigung der möglichen individuellen Freiheit und Gleichberechtigung im und zum Dienste der Volksgemeinschaft — bedeutet. Eine positive Staatswirthschaft, eine positive Socialpolitik, eine positive Volkswirthschaftspolitik bezeichnen auf dem nächstfraglichen Gebiete diesen Positivismus. Ihn hat nicht, wie H. Liebknecht behauptet hat, die Socialdemokratie; der Positivismus der Socialreform hat und bekommt allerdings auch die Social=

demokraten nicht, aber nur deßhalb nicht, weil er sie nicht haben, sondern forthaben will. Der Positivismus der Wirthschafts- und Socialreform reinigt, aber er zerstört nicht die kapitalistische Productionsweise. Er stellt selbst die kapitalistische Hemisphäre der wirthschaftlichen Socialwelt wieder in den Dienst des Gesammtwohls und unter die Bedingungen verhältnißmäßigen Gedeihens auch der Lohnarbeit.

Beide, Liberalismus und Socialismus, stehen sich deßhalb auch im Parteileben viel näher, als dem Positivismus der alten Zeit, wenn es einen solchen noch giebt, näher auch als dem Positivismus der neuesten Zeit, d. h. der positiven Social- und Wirthschaftspolitik. Gegen die Reactionäre arbeiten die Liberalen und Collectivisten stets unter derselben Decke, auch bei den Stichwahlen; denn beide sind kritische Entgegensetzungen im Namen der Freiheit und Gleichheit des — beziehungsweise jedes — Individuums gegen alte beengende und fesselnde Ordnungen. Ebenso widerwärtig ist für beide eine Socialpolitik, welche dahin trachtet, die Gemeinschaft durch die Einzelnen, den Einzelnen durch die Gemeinschaft zu hegen, zu schützen und zu pflegen, Freiheit und Ordnung, individuelle Regsamkeit und anstaltlichen Schutz, Gemein- und Privatwirthschaft, Selbstständigkeit und Gegenseitigkeit organisch zu verknüpfen. Solcher Positivismus ist dem extremen Liberalismus und dem Collectivismus gleich unbequem, jenem zu viel und zu radical, diesem zu wenig, zu conservativ und zu hinderlich. Beide verstehen einen rein neuzeitlichen, im besten Sinn fortschrittlichen Positivismus nicht, weil sie beide in denselben falschen Grundanschauungen befangen sind. Beide dürfen ihn nicht verstehen, wenn sie nicht abdanken wollen.

Am besten erhellt das Wesen des Socialismus aus dessen extremstem Ausläufer, dem Anarchismus. Dieser will die volle ganze Gleichheit, aber auch die ganze Freiheit, daher die Abschaffung jeder Regierungsautorität; er hat davon den bezeichnenden Namen. Freiheit und Gleichheit Aller, reinster und allgemeinster Individualismus, ist unter Regierungsgewalten nicht möglich, also keine Regierung; die ganze und reine Freiheit wie Gleichheit für Alle, nur darauf kommt es an! Das ist der practisch absurde, aber theoretisch sehr folgerichtige „reine" Socialismus. Die Absurdität des Anarchismus weisen die großen kritischen Denker der Socialdemocratie allerdings ab. Allein aus dieser Abweisung geht durchaus nicht hervor, daß man bei der Socialdemokratie angekommen Halt machen könne und müsse. Vielmehr tritt daraus hervor, daß der schlechthinige Freiheits- und Gleichheits-

Individualismus in beiderlei Gestalt, sowohl als aristokratischer Liberalismus wie als proletarischer Collectivismus, sowohl als Socialdemokratie wie als Anarchismus, von Hause aus auf dem Holzwege ist, auf welchem es keinen anderen letzten Ausgang giebt als den nackten Unsinn und die Freiheit und Gleichheit des Krieges Aller gegen Alle.

Der Liberalismus hat der Neuzeit die unverlierbare Wahrheit gesichert, daß mehr thätige Freiheit des Individuums für das Ganze ungeheuer fruchtbar sein kann. Er hat nur versäumt, weiter jene Bedingungen einer neuzeitlichen Ordnung aufzusuchen und geltend zu machen, unter welchen die Freiheit befruchtet und beglückt, ohne zu zerstören und auszubeuten. Die Freiheit, auch die ökonomische, ist nicht abzuschaffen, vielmehr dem gesellschaftlichen Interesse dienstbar zu machen. Diese positivistische Einsicht fehlt dem schrankenlosen Individualismus, genannt Liberalismus und Kapitalismus. Hätte die Socialdemokratie diese Ergänzung gebracht, so wäre sie eben nicht sie selbst, sondern Positivismus, fruchtbarer Reformtrieb geworden. Sie überstürzt sich in Kritik und verlangt im Namen der gleichen Freiheit, Genußberechtigung und Staatsbeeinflussung jedes Individuums die völlige Aufhebung des Privatkapitals, die schlechthinige Einführung der Collectivproduction mit rein demokratischem Regiment, volle Beseitigung der Autorität. Sie stützt nicht die Einzelnen mittelst des Staates durch Productionsordnungen, durch Arbeitsschutz, durch zwangsweise und freie Gegenseitigkeit, sie schafft die ganze geschichtliche Gesellschaft ab; sie zertrümmert die liberal-kapitalistische Ordnung, um für den extremeren Individualismus das Feld ganz zu gewinnen. Bei dem Liberalismus ist der Staat das Organ des „Nachtwächterdienstes" für den Geldsack, wie Lassalle bemerkt. Allein auch für den Socialdemokraten ist die Gemeinschaft nur Mittel. Der „Volksstaat" hat keinerlei Werth als geschichtliches, gegliedertes Ganzes der in allgemeiner Berufstreue glücklichen Nationen, Stände, Körperschaften, Genossenschaften, Familien und Individuen, sondern als ein Mechanismus, der vermeintlich geeignet ist, die allgemeine Freiheit und den höchsten gleichen Genuß des Individuums herbeizuführen. Die Ironie des Schicksals läßt zwar auf der extremen Spitze des Collectivismus das individualistische Princip den Salto mortale in Projecte objectiver Socialorganisationen machen. Allein der Collectivismus bleibt auch da noch Individualismus, Zwillingsbruder des Liberalismus. Er macht den Sprung in die Gemeinschaft, indem er Gemeinschaftsgebilde aushecht, die nicht blos keine Wurzel in der

Vergangenheit haben, sondern auch schlechterdings unhaltbar und unregierbar wären, rein für die Freiheit und Gleichheit Aller. Die Führer dürfen ohne Selbstmord diesen extremen Gleichheitsstandpunkt niemals aufgeben, ohne bald selbst „Pfaffen"- und „Fürstenknechte" zu heißen und Gefahr zu laufen, daß die Massen ihrer Heerschaaren der Socialreform, die haß- und neidvollen Gesellen aber jenem Anarchismus in die Arme fallen, welcher jetzt in den Wechselstuben der Liberalen sich übt, um zuletzt unter den Bänken der Girondisten des Socialismus den Hauptknalleffect loszulassen. Hat es doch die Socialdemokratie im deutschen Reichstag nicht gewagt, die Stimme für das Sprengmittelgesetz abzugeben, sie hat sich der Abstimmung, wenn ich mich recht erinnere, enthalten!

Der Socialdemokrat setzt nicht blos die fremde Nation hinter die eigene und das Individuum hinter die Gemeinschaft nicht zurück, die Nation ist ihm nicht werthvoll als das Bleibende in der Flucht der individuellen Existenzen, sondern umgekehrt das schlechthinige Mittel für diese. Die Socialdemokratie ist also selbst als Gegenfüßlerin der Chauvinisten und Nationalitätsfanatiker extremer Individualismus. Sie nennt sich mit Vorliebe „international", human, kosmopolitisch; allein auch die Menschheit schätzt sie nicht als an sich selbst bedeutsames, unvergängliches Ganzes. Als Mittel der gleichen Beglückung jedes Einzelwesens, „das Menschenantlitz trägt", wird die Aufhebung der internationalen Schranken, der erträumte „ewige Frieden", betont. Die Menschheit ist der ganze Haufen menschlicher Individuen, nicht eine Gliederung von Völkern; selbst als Kosmopolitin ist die Socialdemokratie Individualismus in der Potenz.

Aeußerster Individualismus ist die Socialdemokratie auch in ihren Anwandlungen zur Reform des Familienverhältnisses. Die „Ganzen" wollen die freie Liebe und die gleiche geschlechtliche Befriedigung Aller. Den Socialdemokraten will ich die freie Liebe nicht in die Schuhe schieben; sie sind in diesem Punkt kaum „Halbe". Immerhin ist auch unter ihnen die Freiheit der Ehescheidung, die überwiegend öffentliche Erziehung, jene im Interesse der Freiheit, diese im Interesse der Gleichheit Aller, verlangt worden. Soweit dieß der Fall, hat man wieder nur äußersten Individualismus. Ein Gemeinschaftsverhältniß, welches im gesellschaftlichen Interesse fest sein muß, wird hintangesetzt oder gelockert, um jeder Augenblicksverstimmung des Individuums die Möglichkeit der Trennung eines Bandes zu geben, in welchem Augenblicke ganze Lebensverantwortungen und Generationen begründen.

Republikaner ist der Socialdemokrat im Staate, damit jedes Individuum auch Staatsoberhaupt soll werden können; die Frage der besten Bestellung des Regierungsorganes ist also untergeordnet dem politischen — Individualismus.

Schließlich will ich nicht verschweigen, daß auch die religiös-philosophische Weltanschauung der Socialdemokratie als die Fortsetzung des religiösen Liberalismus, als den äußersten Ausläufer des Individualismus, des sg. „Rationalismus", „Subjectivismus" und „Kriticismus", sich darstellt.

In der That ist die Socialdemokratie philosophisch die Tochter der subjectivistischen Speculation Hegels. Bei letzterem sind drei bedeutende Socialisten in die Schule gegangen, Marx, Lassalle und Proudhon. Wer Hegels Lehre auch nur oberflächlich kennen gelernt hat, begreift leicht, daß sie dem Socialismus philosophisch günstig war; der Hegelianismus ist in dialectischer Herausspinnung der Wirklichkeit aus den logischen Kategorien der menschlichen Vernunft — als sogenannter speculativer Panlogismus — zugleich ruhelos zersetzende und willkürlich construhirende Weltbetrachtung. Genau das, was der Socialismus braucht: radikale Zersetzung und Gewalt-Construction nach subjectiven Einfällen aus der Souveränetät des subjectiv-individualistischen Vernunfträsonnements heraus. Der Geist dieser Philosophie ist so recht der Geist des socialdemokratischen Collectivismus. Ueber den Hegelianismus ist längst Gras gewachsen, wie über die ganze speculative Philosophie. Der Widersinn und Hochmuth, welche darin liegen, daß man die menschliche Vernunft für das speculum mundi (Weltspiegel) erklärt und dann glaubt, aus ihr „speculativ" Alles herausziehen zu können, ist für immer überwunden, damit auch alle „speculative Philosophie". Dem Socialismus hat diese gleichwohl Vorschub geleistet und geistig den Weg geebnet.

Dasselbe gilt vom „Pessimismus". Es hatte nur der ersten gründlichen Enttäuschung darüber bedurft, daß auch der zum völligen Sieg gelangte Liberalismus die Welt nicht vollkommen macht, so kam vom Ende der Sechsiger Jahre an der Pessimismus in der liberalen Welt selbst oben an, er ließ an der Welt keinen guten Faden mehr. Durch Schopenhauer's und E. v. Hartmann's glänzenden Geist erfaßte eine wahre Katzenjammerphilosophie die schöngeistigen Zeitgenossen. Danach ist die Welt nicht bloß ungeheuer schlecht, so qualvoll wie Dante's Hölle, sondern auch ganz unverbesserlich; „die Welterlösung ist die Weltzerstörung", welche die Herren Pessimisten zum Glück nicht vollziehen konnten, wenn sie auch Alle sich selbst ermordet hätten. Damit war der liberale Optimismus in sein Gegentheil, den Pessimismus, umgeschlagen. Das Unglück des Individuums ist es jedoch gewesen, weßhalb die Weltzerstörung stattfinden soll. Dieser pessimistische Subjectivismus konnte daher Wasser auf die Mühle der Socialdemokratie leiten; die Welt, die sociale zumal, ist heillos schlecht, behauptet der Socialismus als höher gesteigerter Kriticismus von der jetzigen liberal-kapitalistischen Gesellschaftsordnung, der socialistischen Kritik haben die Pessimisten den Weg bereitet.

Allerdings die Socialisten selbst konnten nicht Pessimisten werden, sie sind Atheisten, Materialisten und Optimisten geworden. Wenn die Welt nicht bloß jetzt sondern für immer schlecht, wenn sie unverbesserlich ist, so kann Jedermann die socialistische Weltverbesserung von Hause aus nur für Schwindel halten. Nur die jetzige liberal-kapitalistische wie einst die feudale Socialwelt ist für die Socialisten unverbesserlich schlecht. Nur in der Kritik der liberalen Epoche sind die Socialisten selbst pechschwarze Pessimisten.

Für die Zukunft müssen die Socialisten, welche in ihrem „Socialstaat" die beste der socialen Welten ankündigen, einer Weltanschauung huldigen, nach welcher die Welt alles Jenseitige, den metaphysischen Hintergrund des Guten und des Bösen, als nicht vorhanden decretirt und aufs Beste oder doch möglichst gut im Diesseits sich einrichtet, ohne an Gott zu glauben oder ihn nöthig zu haben.

Diese Anschauung ist religiös der Atheismus, welcher einfach sagt: „Gott ist nicht". Philosophisch ist sie die Metaphysik der über den Strang der „Exactheit" schlagenden Naturforscher, d. h. Materialismus oder Naturalismus, wie solcher in der „Kraft- und Stoff-" Philosophie eben dort sich verbreitet hat, wo die Socialdemokratie sich rekrutirt. Auf dem Boden dieser Weltanschauung ist auch der praktische Materialismus, welcher den materiellen Genuß in den Mittelpunkt der Weltbeglückung stellt, recht eigentlich zu Hause. Mit ihm und nur mit ihm läßt sich der Glaube an und der Anspruch auf die volkswirthschaftlich beste Welt, wie sie der Socialismus in petto aber noch in der Westentasche hat, — Dank herzhaftester Ignorirung der Geschichte und Erfahrung und unpsychologischer Behandlung des Glücksproblemes — leidlich fristen und aufrecht erhalten. Um die eigenen Wechsel auf den „Zukunftsstaat" den Proletariern acceptabel zu machen, verruft man alle „Wechsel auf den Himmel" und selbstverständlich auf die Hölle. Das Subject ist nicht blos los von Gott, wie bei den Deisten, es giebt Gott gar nicht. Die Welt richtet sich und wir uns in der Welt selber möglichst gut ein mit Hülfe der Errungenschaften „der Wissenschaft". Dagegen schlägt Jeder das Product der Jahrtausende, die liberal=kapitalistische Welt, ohne Furcht und Gewissensbiß in tausend Trümmer. So muß man als Socialdemo= krat und kann man nur als naturalistischer Materialist räsonniren. Dieß ist ungeschminkt die Socialdemokratie. Sie ist durchgehends auf die Spitze getriebener Individualismus, ein Kind der Zeit.

Indem ich dieselbe charakterisirte, habe ich, verehrter Freund, auch die „bekannten Verunglimpfungen", mit denen Sie mich sogleich nach Erscheinen der „Quintessenz" bekannt gemacht haben und welche nach dem Erscheinen des dritten Bandes von „Bau und Leben des socialen Körpers" sich bis zu schweren Anklagen verstiegen, eigentlich schon zurückgewiesen.

Man hätte, so schreiben Sie, gewünscht, daß ich die Unmöglich= keit der Collectivwirthschaft, wenigstens der Collectivproduction, über= haupt schlechtweg nachgewiesen hätte. Ich habe wohlbedacht und wohl= berechtigt das Gegentheil gethan. Ich habe gezeigt, daß mehr oder weniger Collectivproduction an sich möglich wäre, wenn die für die Leitung erforderliche Stärke der Autorität mit einer für die Pro= ductivität zureichenden Stärke des Wirthschaftlichkeitsinteresses aller besoldeten Individuen sich paaren ließe, was — ich behaupte es allen allgemeinen Phrasen gegenüber — keineswegs undenkbar, vielmehr in der thatsächlichen Staatswirthschaft schon versucht ist. Unmöglich für alle Zeiten ist die improvisirende, demokratische, ausschließliche Collectiv= production ohne Autorität im Regiment und ohne unmittelbare indi= viduelle Selbstverantwortlichkeit (materielle Interessirtheit) aller Theil= nehmer, d. h. das, was die Collectivisten wollen, und das, was den Frei= heits= und Gleichheits=Individualismus des Proletariates allein kitzelt.

Hätte ich zuviel bewiesen, so hätte ich nur denselben Fehler be= gangen, wie die Liberalen und die Socialisten: ich hätte das Kind mit dem Bade, die positive Staatswirthschaft mit dem Socialismus weggeschüttet, ich hätte diesen letzteren zu mehr Schreien gebracht, sicherlich aber nicht widerlegt und überzeugt. Will man die Social= demokratie schlagen, so muß man die Unmöglichkeit und Aussichts= losigkeit des exclusiven, demokratischen, höchst individualistisch auf Frei= heit und Gleichheit Aller zugespitzten, autoritätslosen Collectivismus nachweisen und den himmelweiten Unterschied des letzteren von posi= tiver Staatswirthschaft und Socialreform klar erkennen, nicht aber die letztere in ihrer Zukunft negiren. Darum rechne ich es mir zum Verdienst an, daß ich alle liberalen Ausflüchte und faulen Trostgründe dem Socialismus gegenüber in meinen bisherigen Schriften — rück=

sichtslos, sogar mit einiger Wolluſt — zerſtört habe, ohne zu warten, bis die Socialdemokraten dieſe Arbeit in tendenziöſer Weiſe beſorgten.

Die Beklemmungen der konſervativen Parteifreunde, die mich bei Ihnen verklagt haben, kommen mir nicht unerwartet. Nicht für die Gedankenloſigkeit dieſer friedlichen Herren, ſondern gegen die Irrthümer der Zeit, nicht für den abgelebten „Poſitivismus" der Altkonſervativen, ſondern gegen den extremen Individualismus der Liberalen wie der Socialdemokraten und für den Poſitivismus einer Socialreform aus dem Geiſte unſeres höher entfalteten Weltalters heraus hatte ich zu ſchreiben und habe ich geſchrieben. Nur die Denkfaulheit oder der böſe Wille konnte mich ſo ſehr verkennen, wie es Ihrem Briefe zufolge geſchehen iſt. Ich war ſtets und bin im Glauben Theiſt und als ſolcher weder Optimiſt noch Peſſimiſt. Im Staate war und bin ich, was die beſte Verfaſſung für große alte Kulturnationen betrifft, Monarchiſt, ſo lange eine halbwegs leiſtungsfähige Dynaſtie noch vorhanden oder wiedereinzuwurzeln iſt. Im Familienrecht bin ich der Antipode der „freien" Anſchauung und laſſe mich recht gerne in Herrn Bebel's Buch als „unſittlich" verdammen, weil ich es mit der Feſtigkeit des Ehebandes dem individuellen Belieben gegenüber ſehr ernſt nehme. Die Freiheit und Gleichheit als maßloſe Forderung des Individualismus habe ich ſchon in meinen erſten Schriften vor bald dreißig Jahren mit aller Klarheit abgewieſen, während ich die Freiheit eines Jeden in einem ihm paſſenden Berufe für das Ganze und die Gleichheit Aller im Sinne der Verhältnißmäßigkeit zwiſchen der Leiſtung für das Ganze und dem Empfang aus dem Ganzen unerſchütterlich als die Principien feſthielt, nach welchen der Kapitalprofit, wie der Lohn, allein die Rechtfertigung und die Begrenzung finden kann.

Seit dem Jahre 1856 bin ich, wie Ihnen meine wohl bald erſcheinenden „geſammelten Schriften" zeigen werden, „Poſitiviſt" in der Socialwiſſenſchaft, Poſitiviſt nicht im Sinne Aug. Comte's, ſondern im Sinne meines heute geſchriebenen Briefes. Dem liberalen Oekonomismus gegenüber, der Alles „frei" gab, ſetzte ich ſchon damals die relative Berechtigung einer poſitiven Staatswirthſchaft, Social- und Volkswirthſchaftspolitik und die Nothwendigkeit nationalgenoſſenſchaftlicher Verſicherungsgegenſeitigkeit entgegen. Die Entwickelung ſeither hat mir ſchon in vielen und wichtigen Stücken — ich nenne die Eiſenbahnverſtaatlichung und die allgemeine Hülfskaſſengenoſſenſchaft — vollkommen Recht gegeben. Als Syſtematiker der Nationalökonomie vertrat ich ſeit Jahrzehnten gegenüber der ausſchließend

und schrankenlos privatwirthschaftlichen Organisation der Volkswirth=
schaft erstmals mit ganzem Erfolg die Thatsache und die Nothwen=
digkeit des Jneinandergreifens von Gemeinwirthschaften, Privatwirth=
schaften, Gegenseitigkeits= und Widmungswirthschaften. Diese Ansicht
hat gesiegt. Es ist heute mehr als je meine Ueberzeugung, daß nur
auf Grund dieser Anschauung der Aufbau einer wahren Volkswirth=
schaft und Volkswirthschaftslehre möglich ist.

Dabei habe ich auch das Privatkapital als das gesellschaftliche
Organ der Productionsleitung zugleich gerechtfertigt und umgrenzt.
Als ein Organ, welches aus eigenem Besitz und Recht diejeni=
gen Geschäfte immerfort zu führen hat, welche im Interesse der
Gesellschaft selbst besser privat= als gemein= oder widmungswirth=
schaftlich oder gegenseitiglich (solidarisch) besorgt werden. Allerdings
auch als ein Organ, welches sich den Bedingungen der Existenz und
Wohlfahrt des Ganzen, einschließlich der Lohnarbeiter, unterwerfen und
— gegen Entschädigung — selbst den gemeinschaftlichen Organisatio=
nen der Gegenseitigkeitsgenossenschaft und der Wohlthätigkeitsanstalten
weichen, bezw. daran sich betheiligen muß, soweit im Interesse des
Ganzen diese nichtprivatwirthschaftliche Organisation als die vorzüg=
lichere sich erweist.

Wie weit die eine oder die andere Organisationsform zu gehen
habe, kann über eine Generation hinaus durchaus nicht vorausgesagt
werden. Für die Gegenwart und nächste Zukunft nahm ich, und zwar
nur für Deutschland, zu dem ungeheuren Stamm öffentlich=rechtli=
cher und gegenseitiglicher Wirthschaften, welche die Jahrhunderte an=
gesetzt und hinterlassen haben, weiter nur die großen Verkehrs=
anstalten, dann im Interesse der Besteuerung die Tabackverarbeitung
und den Tabackverschleiß, endlich die allgemeine Versicherungsgenossen=
schaft für Krankheit, Alter und Erwerblosigkeit in Aussicht. Heute
ist es mir wahrscheinlich, daß auch die großen Nationalzettelbanken
verstaatlichungsreif werden. Möglich, ja wahrscheinlich, daß die Lie=
ferung von Electricität, Wärme, Licht und Triebkraft mehr oder
weniger einer Verstaatlichung und Communalisirung — vielleicht unter
Ausdehnung des öffentlichen Besitzes an Kohlenwerken und Wasser=
kräften — rascher entgegengeht. Mehr Ausdehnung und auf weiter
hinaus habe ich an öffentlichen und an Gegenseitigkeits=Wirthschaften
nicht in Aussicht genommen.

Die Nothwendigkeiten einer zweiten und dritten Generation lassen
sich meiner Ansicht nach auch vom weitblickendsten Auge genau nicht
vorhersehen. Ich habe jedoch nicht verfehlt, zu betonen: erstens daß

die Gemeinwirthschaft niemals die ganze Volkswirthschaft verschlingen kann; zweitens: daß die kapitalistische Production berechtigt ist und bleibt, soweit und solange sie zum Wohl des Ganzen wirthschaftlicher hervorbringt, auch, daß sie weder für den Schutz der Arbeit, noch für angemessene Entlohnung, noch für die Behandlung des Gelohnten als eines Berufsarbeiters unzugänglich ist; drittens: daß die Zunahme gemeinwirthschaftlichen Betriebes da und dann, wo und wann dieser Etwas leistet, was die Privatindustrie gar nicht leisten kann, oder nicht so wirthschaftlich und so gemeinnützig leisten kann, oder Mangels der Ausartung des Kapitalismus in concurrenzlosen Monopolismus nur noch volkausbeutend leisten kann, nicht nur kein Unglück, sondern ein Fortschritt ist, welcher in vollkommener Ordnung und mit derselben Nothwendigkeit, wie alle Jahrhunderte her die allmälige Ausbildung gemeinnütziger Anstalten, von Statten gehen wird; viertens: daß auch innerhalb der gemeinwirthschaftlichen Organisation die individuelle Regsamkeit sich beleben läßt und daß in keinem Zweige der Production ohne Verhältnißmäßigkeit zwischen Leistung und Einkommen, ohne Belohnung des Verdienstes und der gemeinnützigen Aristokratie, Etwas „für das Volk" erreicht werden kann.

Habe ich nun „klipp und klar" gesprochen? Ich meine: ja. Und was ich vertreten, ist mit Nichten Socialismus, welcher schlechtweg und plötzlich und allgemein und durch Volkswahl das Privatkapital abschaffen, und Collectivproduction, Nichts als Collectivproduction, haben will, welcher in der individualitätslosen Gleichheit Aller gipfelt, welcher allen und jeden Profit als Diebstahl brandmarkt. Mein „Socialismus" ist und war stets „positive" Socialpolitik, „praktische Socialreform", praktisches Christenthum, kurz „Positivismus" Das ist zwar nicht Fortschritt im Sinne des Berliner „Fortschrittes", aber Fortschritt weit über diesen „Fortschritt" hinaus, Ueberwindung beider Extreme des Individualismus, offene und gerade Absage sowohl gegen den Socialismus als den Liberalismus, endliches Wegkommen vom aufblähenden Kriticismus, welcher der Vater ist des siamesischen Brüderpaares Liberalismus-Socialismus. Meinetwegen nenne man diesen Standpunkt mißbräuchlich „Socialismus", „praktischen" oder „wissenschaftlichen". Gegen Namen, die einmal Eingang gefunden haben, ist nichts zu machen, auch wenn sie Ankreidungen sind, welche die Gamins der Parteien dem Feinde von hinten auf den Gehrock klatschen.

Ihre Aufforderung habe ich ernst genommen. Haben Sie nun auch die Güte, meinen Brief Ihren Sitznachbar im Reichsrath lesen zu lassen, damit er seine Sorge wegen Ihrer Gesellschaft verliere. Der gute Geldbaron hat in mir einen Antisemiten und Collectivisten zugleich gewittert. Ich bin kein Collectivist, das habe ich soeben erwiesen. Ich bin auch kein Antisemit. Ja ich kann das gar nicht sein. Zwar bekämpfte ich stets die schrankenlose Freiheit kapitalistischer Ausbeutung und das „freie Leben" des legalen „Räuberthums", gleichviel, ob es von unbeschnittenen oder von beschnittenen „Juden" geführt, ob es im Hehlen oder im Stehlen betrieben wird. Ich bekämpfe jedoch diese Ausbeutungsfreiheit nur durch die positive Weiterbildung des liberalen (jetzigen) Rechtes, auf dem Boden des gemeinen Rechtes. Ausnahmsgesetze gegen die Juden sind mir ebenso wenig sympathisch, als solche gegen die Ultramontanen oder gegen die Socialdemokraten. Jedes Hep Hep ist mir ein Gräuel. Niemals jedoch werde ich mich den Juden zu lieb davon abhalten lassen, das jetzige Recht, das sich der herrschend gewesene ökonomische, politische und religiöse, christliche wie jüdische Liberalismus zugeschnitten hat, gemeinrechtlich und für Alle gültig in der Richtung solcher positiver Reformen und allgemeiner Schutzwehren fortbilden zu helfen, vermöge deren Wucher und Ausbeutung für Christen und Germanen wie für Juden und Semiten unmöglich werden. Die Race kommt für mich bei der „Judenfrage" gar nicht in Betracht. Gelingt es, die positiven Fortbildungen des gemeinen Rechtes zu erreichen, deren Begründung den Hauptinhalt dieses unseres Briefwechsels bilden soll, dann ist auch die Judenfrage zur Befriedigung aller braven Juden und aller braven Christen schon gelöst und zwar vom Boden der bestehenden Gesellschaftsordnung aus. Ein Hep Hep ist gar nicht nöthig.

Möglich, daß es Semiten giebt, welche diesen Gang der Dinge mehr fürchten und hassen als den Antisemitismus, Ihr Nachbar gehört vielleicht auch dazu; dann sind sie eben als Liberale nicht als Juden meine Gegner. Möglich anderseits, daß Viele, die sich Antisemiten nennen, nicht aus Racenhaß, sondern aus Liebe zum christlichen Glauben und zu ihrem Volk, zur Vertheidigung der eigenen religiösen Heiligthümer, den Schutz gegen Ausbeutung aller Art ohne Judenverfolgung und Ausnahmsgesetz erstreben; dann sind sie eben, wenn sie auf dem Boden der freien Ueberzeugung und des gemeinen Rechtes ihr Ziel erreichen wollen, keine Antisemiten. Die Socialdemokratie hat verkündet, daß der Socialismus gar keinen „Antisemitismus" nöthig habe, da er „von selbst" mit dem „Judenthum" aufräume. Das ist gar nicht gewiß, außer wenn er eben Alles umbringt und „verruinirt";

innerhalb der Regierung und Verwaltung des „Socialstaates" könnten Angehörige eines so findigen und begabten Volkes vielleicht noch immer ihre Rechnung finden. Als Mittel gegen die Semitenherrschaft würde ich daher, auch wenn ich Antisemit wäre, den Socialismus nicht annehmen; ich begreife vielmehr ganz und voll, daß die konservativen, nationalen und agrarischen Antisemiten, welche sämmtlich dem Individualismus ferner stehen, als Liberale und Socialisten einander, nicht Teufel mit Beelzebub austreiben wollen und sich wohl hüten, unter die Socialdemokraten zu gehen.

Nun habe ich mich wohl auch für Ihren Nachbar rund genug ausgesprochen!? Ich bin kein Antisemit. Allerdings auch nicht Philosemit; zur Liebe lasse ich mich so wenig zwingen, als zum Hasse.

Noch ein Wort für Ihre Bekannten! Konservative Freunde sind, wie Sie schreiben, unzufrieden mit der langen Verzögerung meiner „kritisch=positiven" Ergänzung der Quintessenz. Ich bitte, stellen Sie ihnen die Gegenfrage, weßhalb sie die Arbeit nicht selbst gethan haben, welche ich nur vorläufig ungethan ließ. Hiengen ihnen die Trauben vielleicht zu hoch? Uebrigens habe ich im „korporativen Hülfskassenzwang" und in der „Incorporation des Hypothekarkredites" zwei Hauptstücke kritisch=positiver Bekämpfung der Socialdemokratie bereits geliefert und damit einigen Erfolg gehabt. Verlangen die konservativen Herren Schriften, um sie nicht zu lesen? Immerhin will ich aus Ihren Mittheilungen eine gute Lehre schöpfen: ich werde künftig auf die Denklust und die Loyalität gewisser Leser weniger zählen und an die Fassungskraft der „Freunde" denken.

Und nun zum Schlusse meines schon überlangen Schreibens noch ein Paar Bemerkungen zur Verständigung über die Methode, die ich zu befolgen gedenke.

Sachlich werde ich zuerst Punkt für Punkt nachweisen, daß der Collectivismus durchgehends nicht halten kann, was er verspricht. Dann werde ich zeigen, daß das, was in der Richtung seiner Glücksverheißungen erreichbar ist, durch Fortbildung des liberalen Rechtes im Wege der Reform wirklich und voll erreicht werden kann. Dabei werde ich bemüht sein, jede Verzerrung der Forderungen und Folgerungen der Socialdemokratie zu vermeiden; die politische Wissenschaft kann zur Widerlegung einer grundstürzenden socialen Weltanschauung einen wirksameren Weg nicht einschlagen, als denjenigen, welchen ich die Methode der denkbar verständigsten und zweckmäßigsten Ausführung des gegnerischen Gedankens nennen möchte; man hat einen praktischen Gedanken nicht widerlegt, wenn man entweder ein Bild seiner Ausführung sich gar nicht entwirft oder aber eine Fratze daraus macht, man muß die denkbar zweckmäßigste positive Ausführung der zu beurtheilenden praktischen Zweckvorstellungen zu Grunde legen. Diese Methode hat ihr Gutes selbst dann, wenn die Widerlegung nicht gelingen sollte; denn sie hilft Revolutionen ohne positiven Gedanken und Revolutionen für schlecht ausgedachte positive Gedanken verhindern.

Damit genug für heute! Halten Sie als das Ergebniß dieses der vergleichenden Characteristik gewidmeten Briefes für die Weiterführung unseres Briefwechsels dieß fest:

den spezifischen Gehalt des demokratischen Collectivismus bildet die allgemeine und ausschließende und daher revolutionär einzuführende Collectivproduction;

nur damit steht derselbe dem Kapital (Kapitalismus, Liberalismus) gegenüber;

an und für sich ist der Collectivismus die Steigerung des Individualismus über den Liberalismus hinaus und hat mit diesem dieselbe Wurzel der Nichtbeachtung des selbstständigen Werthes der Gemeinschaft neben und über dem Individuum;

der collectivistische Individualismus gipfelt im Anarchismus: die Mordbrennerei gegen unbekannt wen — „Kaiser, König, Feldmarschal, Festbesucher oder Pferde" —, die Dynamiterei als socialpolitische Protestform des nächsten besten Subjectes à la Reinsdorf, als Kundgebung jedes Socialdemokraten der That gegen die Socialdemokratie des Stimmzettels — das ist die Spitze der Ueberhebung des Individuums, welche nicht weiter getrieben werden kann, der Verbrechensgipfel der „Freiheit die ich meine", die zum Wahn getriebene Auflehnung des und jedes einzelnen Subjektes gegen die Gemeinschaft und die Volksgeschichte, kurz Individualismus in der höchsten Potenz;

die positive Socialpolitik dagegen steht jedem einseitigen Individualismus, dem Socialismus wie dem Liberalismus, deßgleichen auch jeder Uebertreibung der Gemeinschaftlichkeit auf Kosten der individuellen Freiheit, ablehnend gegenüber.

Zweiter Brief.

Stuttgart, 26. Dezember 1884.

Verehrter Freund!

Ihr gestern eingelangtes Antwortschreiben gewährt mir große Befriedigung. Einmal deßhalb, weil Sie meine Quasi-Rechtfertigung so vollständig gelungen finden. Dann aber auch darum, weil Sie mit allen meinen Vorschlägen über die formelle und materielle Behandlung unseres Briefwechsels gänzliches Einverständniß erklären. Bitten Sie mich doch mit besonderer Wärme, ich möge die ethisch-religiöse Seite der Frage, besonders die Stellung des Socialismus zum Christenthum, so tief und gründlich, allerdings auch so verständlich wie nur immer möglich behandeln; eine zitternde Begierde danach wollen Sie haben. Ich werde thun, was in meinen — theologisch sehr schwachen — Kräften steht. Vorläufig jedoch bitte ich um Geduld. Wir müssen von der volkswirthschaftlichen Seite des Socialismus aus den Weg — zunächst der Kritik, welcher dieser Brief gewidmet ist — antreten.

Die Socialdemokratie ist die Partei des industriellen Proletariates. Den volkswirthschaftlichen Wünschen und Neigungen des letzteren ist die ganze Lehre wie Agitation derselben angepaßt. Die Collectivproduction soll alle Herzenswünsche des Proletariates erfüllen, den Kapitalisten beseitigen, die Erwerbsstockungen und die „Lohnknechtschaft" aus der Welt schaffen. Die Socialdemokratie fragt nicht, ob die Uebel der schrankenlos freien kapitalistischen Production nicht auch ohne Abschaffung des Privatkapitals sich heilen lassen. Sie hält nicht für nöthig, zu erwägen, ob jede Art von Production und jede ganz zur Einheit sich zusammenziehen lasse. Auch nicht, ob — wenn Solches möglich wäre — die Productivität schwer darunter leiden und daher eine Verarmung Aller eintreten könnte. Noch viel weniger, ob nicht andere gleich wesentliche Gesellschaftsinteressen nichtwirthschaftlicher Art die Collectivproduction ausschließen. Der Kapitalprofit, die Er=

werbsunsicherheit, die Lohnknechtschaft müssen fort, also demokratische Collectivproduction! Die kapitalistische Productionsweise ist unheilbar schlecht, also bringt die collectivistische das allgemeine irdische Glück!

Ich dagegen hoffe, in einem einzigen Briefe Ihnen den schlagenden Beweis erbringen zu können, daß die Socialdemokratie als Demokratie und Radicalismus nicht eine einzige ihrer Verheißungen erfüllen kann und daß außerdem jede der erwähnten Vorfragen, über welche ihr Fanatismus hinwegtaumelt, bei richtiger Entscheidung den demokratischen Collectivismus als unmöglich erscheinen läßt.

Eine erste Täuschung ist es, zu meinen, daß Collectivproduction in einer von der Basis bis zur Spitze der socialen Pyramide demokratischen Republik sich überhaupt organisiren und regieren ließe. Es ist zwar unrichtig, wenn man sagt, Collectivproduction oder gar Collectivwirthschaft sei überhaupt nicht denkbar und müsse an der centralistischen Ueberladung der politischen Einheitsgewalt scheitern; diese Einwendung habe ich selbst widerlegt. Ganz gewiß ist dagegen, daß ohne die gemessenste Autorität und Macht der leitenden Organe von unten herauf bis zu den Centralstellen die Collectivproduction — dieses Universalmittel der Socialdemokratie — schlechterdings unmöglich wäre. Weder von unten herauf, noch vom Mittelpunkt her dürfte immerfort gerüttelt, geändert, verwirrt, experimentirt werden. Wenn das nicht geschehen soll, dann ist eine in sich selbst fest ruhende Centralgewalt und ein eben solches Beamtenthum nöthig. Beide aber können ewig nur auf sehr breiten Quadern aristokratischer mäßigender Elemente ruhen. Wenn aber dieß, wo bleibt die demokratische Republik von oben bis unten und von unten bis oben? Wo die Gleichheit und Freiheit? Wo die Unmöglichkeit des Herrschaftsmißbrauches und der Ausbeutung? Die demokratische Collectivproduction ist unmöglich. Die „autoritäre", welche möglich u. z. Theil wirklich ist, ist undemokratisch und ohne jeden Reiz für das Proletariat.

Der Collectivismus merzt zweitens — ohne Hexerei durch pure Geschwindigkeit — aus dem Problem der Einkommensbildung den mitbestimmenden Einfluß des Privatbesitzes und der Natur aus, indem er das Eigenthum an den Productionsmitteln völlig auf das Gemeinwesen überträgt und indem er alle gleichartigen Productionsgeschäfte, wie ungleich die Naturwirksamkeit der Hülfsmittel in den einzelnen Geschäftssectionen sein mag, zu Einem „socialen" Productionszweig — mit gleich hoher Anschreibung gleich großer Arbeitszeit-Leistungen — zusammengezogen sehen will. Diese Ausmerzung von zweien unter drei Productivfactoren wäre praktisch möglich, vielleicht sogar gerecht, wenn die Collectivproduction autoritär genug organisirt wäre; die Erfahrung zeigt wenigstens, daß der Staat ohne Schwierigkeit den nöthigen Realbedarf aller seiner Collectivwirthschaften aufbringt und aufrechterhält und einen einheitlichen Besoldungsstatus für ein ganzes Netz von Aemtern durchzuführen weiß. Bei durchaus demokratischer Organisation jedoch werden die bestrickend einfachen Ausmerzungen nie ausführbar sein; eine materialistisch begehrliche Masse volkssouveräner, stets beschmeichelter Individuen wird sehr schwer zu Opfern für die Vermehrung der Productionsmittel zu bestimmen sein, noch weniger werden die Angehörigen solcher Productionssectionen, welche mit den natürlich wirksamsten Productionsmitteln bewaffnet sind, geneigt sein, den Mehrertrag ihrer Arbeit gegen den Minderertrag der anderen einzuwerfen. Streit und Verwirrung ohne Ende müßte deßhalb eintreten. Die genannten Ausmerzungen, welche überdieß den Reiz des Kapitalprofites sowie des Grund- überhaupt Prioritäts-Rentenbezuges einfach abschaffen, können gerade der socialdemokratischen Collectivproduction und Ertragstheilung praktisch nie und nimmer gelingen. Werden sie aber mehr oder weniger „autoritär" vollzogen, so bricht die Ungleichheit sowie die Gelegenheit zu Ausbeutung und Bevorzugung in breiten Strömen wieder herein.

Die Socialdemokratie verspricht zum dritten etwas Unmögliches, wenn sie alle Productionszweige und in jedem Productionszweig alle einzelnen Geschäfte und Producenten zu einheitlichen Körpern mit gleichmäßiger Anschreibung und Betheiligungsverrechnung der Arbeitszeiten ohne Gefährdung des Productionserfolges zusammenziehen zu können glaubt. Sie geht hiebei von der Voraussetzung aus, daß die ganze Production dem Großbetriebe, und zwar dem local geschlossenen fabrikmäßigen Großbetriebe zustrebe. Und doch ist dieß die willkürlichste Annahme. Selbst im Gewerbe wird eine Masse zerstreuten gar nicht controlirbaren Kleinbetriebes in Kunsthervorbringungen, persönlichen Diensten, Reparaturarbeiten immer übrig bleiben. In der Landwirthschaft ist der geschlossene Fabrikgroßbetrieb der Sache nach ausgeschlossen. Die Latifundien-Großwirthschaft wird um so schwieriger und uneinträglicher, je intensiver und künstlicher die Bodenbewirthschaftung wird. Es mag wohl sein, daß in die Landwirthschaft der Zukunft Collectivveranstaltungen der Kraftübertragung, der Zu- und Abfuhr, der Be- und Entwässerung, der gemeinsamen Maschinenbenutzung, der Verladung und Versendung, immer mehr eindringen. Der Großbetrieb dagegen, wie auf der Dalrymplefarm im Redrivergebiet oder auf der Glennfarm in Californien, ist als die

Regel mit Nichten zu erwarten. Die Socialdemokraten, welche davon träumen, werden mit großem Nutzen den jüngsten Census der Vereinigten Staaten lesen; denn sie werden hier finden, daß ohne jede Ausnahme Jahrzehnt um Jahrzehnt in dem Maß, als der Betrieb intensiver, die Bevölkerung dichter, die Arbeit freier wurde, auch die Latifundienbildung abnahm, der bäuerliche Betrieb sich mehrte und die Ausdehnung der Farm sich verminderte. Es sind dort auch sehr gut die Umstände auseinandergesetzt, welche der Landwirthschaft überwiegend eine der Industrie entgegengesetzte Richtung auf Mittel- und Kleinbetrieb anweisen. Je dichter die Bevölkerung wird, desto mehr sichern die — von Collectivvorrichtungen nur unterstützten — Mittel- und Kleinwirthschaften die Volksernährung; Bernhardi's Ergebnisse in dem klassischen Werk über „großes und kleines Grundeigenthum", über Roh- und Reinertrag, fallen vor den Posaunenstößen der socialdemokratischen Weltbeglückung nicht zusammen. Wie aber will man überhaupt, wie ohne autoritäre Controle- und Anschreibungsorgane die zerstreute Arbeitsleistung in der Landwirthschaft einheitlich zusammenziehen und alle Arbeit auf mittlere sociale Arbeitszeit reduciren? Die Collectivproduction in der Landwirthschaft wäre, obwohl sehr unproductiv und daher unannehmbar, bei autoritärer Organisation wenigstens noch denkbar. Bei demokratischer Organisation ist sie es nicht. Die ganze gewaltige Summe individuellen Lebensglücks, welches der freie Besitz der eigenen, vom Vater ererbten Scholle der zahlreichsten Volksklasse giebt, würde obendrein von der Socialdemokratie dem Industrieproletariat zulieb verpufft sein; die Gleichheit ist eine schöne Sache! Der Bauernstand wird und muß erhalten bleiben, an seinem anticollectivistischen Schädel und an seinen Söhnen im Soldatenrock wird die Socialdemokratie nach der siegreichsten Revolution zerschellen!

Die Socialdemokratie verspricht zum vierten dem Industrieproletariat eine fabelhafte Steigerung des Ertrages der Nationalproduction, also die Vergrößerung des Dividendus der Einkommensbildung, mithin eine allgemeine Erhöhung des Arbeitseinkommens Aller. Die Steigerung der Productivität für die Industrie wäre vielleicht denkbar, wenn es gelänge, der Collectivproduction eine unerschütterliche Leitung zu geben und jedem Mitproducenten das höchste Interesse so der Kostenminderung wie der Ertragssteigerung einzuhauchen. Allein die Socialdemokratie als solche weist die zu jener Leitung erforderliche Autorität ab und kann ein Verdienst- und Straf-Prämiensystem für die Gruppe im Ganzen und für den Einzelnen innerhalb jeder Productionsgruppe nicht durchführen, so sehr dies auch eine Bedingung reichlichen Ertrages ist. Andernfalls wäre ja nicht Freiheit und nicht Gleichheit! Auch nach der Seite der Productivität sind daher alle Vorspiegelungen über die Leistungsfähigkeit und Möglichkeit demokratischer Collectivproduction völlig nichtig. Ohne höchste Interessirung der Leitenden und der Ausführenden mit ideellen und materiellen Vortheilen und Nachtheilen ist nicht entfernt auch nur jenes Maß von Productivität der Nationalarbeit zu erwarten, welches die kapitalistische Production dem Kapitalprofit, dem Risico und der Lohnskala zu entlocken weiß. Die Anbringung gleich starker, selbst überlegener Garantien allgemeinster Wirthschaftlichkeit in theilweiser Collectivproduction mag einstens nicht unmöglich erscheinen, wie ich dieß im dritten Band von „Bau und Leben" ausgeführt habe. Unmöglich ist aber dieser Erfolg, wenn man das einzige Mittel derselben, die volle und rückhaltlose Betheiligung der Aristokratie des Verdienstes mit Vorzugsportionen an materiellen und ideellen Gütern, nicht in Anwendung bringen will und darf. Ohne ausreichend starke Reize der Vergeltung für jede hervorragende Gruppen= und Individualleistung, ohne abschreckend starke Abzüge und Ersatzverbindlichkeiten für schlechte Productionsleistungen, ist eine Collectivproduction undenkbar, vollends eine solche, welche der kapitalistischen Production im Ertage auch nur annähernd gleich kommen soll. So starke Verdienst= und Strafprämien erträgt aber die demokratische Gleichheit durchaus nicht. Ist doch selbst die Prämiirung der Besten durch die Ehre der Führung und Vorstandschaft dem Demokratismus innerlichst zuwider; die Besoldungsskala der bestehenden Civil= und Militär=Collectivwirthschaft würde vom Socialdemokratismus am ersten Tage umgeworfen werden, und „principiell" mit Recht. Demokratische Collectivproduction kann ihr Versprechen nicht halten, weil sie die ihr in ganz besonderer Stärke nöthigen Reiz= und Schreckmittel zu individueller und gruppenweiser Wirthschaftlichkeit nicht erträgt, so lange die Menschen nicht annähernd Engel geworden sind, wozu es gute Weile hat.

Das fünfte, eigentlich das erste und das einseitigst individualistische Versprechen, nämlich die genaue Betheilung jedes Mitglieds der Productionsgemeinschaft mit dem vollen Gegenwerth des Ertrages seines Socialarbeits=Antheils, ist eine schon in der „Quintessenz" entlarvte reine Täuschung. Die Versprechung ist zwar durch die socialdemokratischen Reiseprediger von den Dächern gepredigt worden, aber dennoch reiner Aberglaube, wenn nicht gar bewußter Humbug. Auch der Socialismus hat die unfindbare Formel des „gerechten" d. h. mit dem Ertragswerth jedes Arbeitbeitrages der Einzelnen sich allgemein und genau deckenden Einkommens nicht gefunden. Das Verhältniß der Mitverursachung des Productenwerthes ist bei gemeinschaftlicher Production überhaupt nicht zu entziffern, nicht in der kapitalistischen und nicht in der das Privatkapital ausmerzenden socialistischen Productionsweise. Wie viel die Arbeit und wie viel das Kapital zum Werth und zur Menge des gemeinschaftlichen Productes beitrage, läßt sich nie und nimmer ermitteln; das Product ist untheilbares Ergebniß der Arbeit, des Kapitals und der unentgeltlich mitwirkenden Natur. Der Socialismus beseitigt freilich in zwei Kaiserschnitten das Kapital und die Naturfactoren aus den Vertheilungs (Einkommens)-Fragen, indem er das Kapital ins Gesammteigenthum überführt, für welches kein Profit mehr abfallen kann, und indem er alle Productionsgeschäfte gleicher Art — die mit den ungünstigsten und die mit den günstigsten Naturfactoren ausgerüsteten — zu Einer Abrechnungsgemeinschaft mit gleicher Anschreibung gleicher Arbeitszeitleistungen zusammenzieht. Ich sehe von den schon erwähnten Unmöglichkeiten demokratischer Ausführung dieser Doppelausmerzung ab. Ist denn selbst dann der „gerechte" Bezug des eigenen Arbeitsertragswerthes Allen gesichert, wenn man für das Gemeinwesen den nöthigen Bedarf vorwegnimmt und den Rest des Productionsertrages (bewerthet nach den von den Gütermassen verschluckten Mengen socialisirter Arbeitszeit) pro rata der abgeleisteten Arbeitszeitmengen vertheilt? Das ist mit Nichten der Fall. Vielmehr wäre jeder in derselben Zeit mehr leistende Socialarbeiter schon bei Vorwegnahme der öffentlichen Bedarfe in verdeckter Weise unverhältnißmäßig belastet. Dann wären Alle diejenigen, deren mittlere Arbeitsstunde mehr producirt, als diejenige der Anderen, auch bei der Einkommenszutheilung verkürzt. Derjenige, welcher die wirklich gebrauchswerthe Güterproduction veranlaßt, derjenige, welcher den die höhere Productivität allein bewirkenden technischen Gedanken findet, derjenige, welcher durch eine That der Sorgfalt und Wachsamkeit den Ertrag gerettet hat — sie alle wären auch bei arbeitszeitlicher Auftheilung des vertheilbaren Productrestes nicht nur nicht genau, sondern nicht annähernd im Verhältniß zum Werth ihrer Productionsleistung betheilt. Davon ganz abzusehen, daß nicht blos die Arbeiter durch den Kapitalisten und die Arbeiter durcheinander, sondern auch durch jene Demagogen, die von der Masse der Gemeinen an die Spitze gehoben würden, durch Begünstigung der Lumpe, durch Zurücksetzung der Tüchtigen, durch

Faulheit der Masse aufs Gröblichste ausgebeutet werden können. Es ist auch zwischen den Arbeitern a l l e i n eine genaue Abrechnung über den Productwerth nach Verhältniß des Ertragswerthes der productiven Arbeitsbeiträge ganz unmöglich. Die zu untheilbarem Productwerth zusammenfließenden Arbeitszeittheile verschiedenartiger Arbeiter sind nicht in gleichem, geschweige in genau bestimmbarem Verhältniß an der Menge und vollends am Werth der Producte ursächlich betheiligt. Die Arbeitskostentheorie des Socialismus, welche überdieß — wie schon die „Quintessenz" nachweist — an sich nur für den Fall des ewigen Gleichgewichts zwischen allen Socialvorräthen und allen Socialbedarfen wahr sein könnte, hat den Schlüssel der „gerechten" Vertheilung des Productionsertrages so wenig gefunden, als dieß Heinrich von Thünen gelungen ist, welcher dem Arbeiter das geometrische Mittel ($\sqrt{ap}$) des Unterhaltsbedarfes (a) und des Productenwerthes (p) zuweist, und ebensowenig als es neuestens dem wohlmeinenden österreichischen Ordenspriester W e i ß gelang, welcher — über Anregung Thomistischer Moralstudien durch die Aufforderung des Papstes — die gerechte Einkommensbildung darin findet, daß der Kapitalist dem Lohnarbeiter und sich vorab den nothwendigen Unterhalt reiche, während der Rest des Reinertragswerthes über den Unterhaltsbedarf hinaus nach Verhältniß des Geschäftskapitals des Unternehmers und des unamortisirten Erziehungsaufwandes der Lohnarbeiter auszutheilen wäre [1]). Es läßt sich schlechterdings das genaue Verhältniß nicht ermitteln, in welchem „Kapital" und „Arbeit" und „Natur", oder jeder der nacheinander thätigen Kapitalisten, oder jede der neben- und nacheinander thätigen Arbeitskräfte zur Menge, namentlich aber zum jetzigen Tauschwerth oder zum etwaigen collectivistischen Taxwerth des Products beiträgt. Der Fanatismus, womit das Evangelium der Marx'schen Socialkostenwerththeorie als die allbeglückende und erlösende Zutheilungsgerechtigkeit gepredigt wurde, beruht auf abergläubisch oberflächlicher Verkennung der Thatsachen. Die ganze socialdemokratische Literatur beweist lediglich das Eine, daß die Herabdrückung des Ertragswerth-Antheiles der Arbeit bis zu Hungerlöhnen möglich und daß eine den Nothbedarf übersteigende Betheilung der Arbeit eine völlig gerechte und billige Forderung ist. Daß die Betheilung nach Maßgabe der Socialarbeitszeit-Beiträge eine genaue Betheilung nach Verhältniß der Mitverursachung des Productwerthes herstellen würde, ist ganz und gar nicht bewiesen, vielmehr gänzlich unwahr.

---

1) Die Weiß'sche Formel s. „Tüb. Zeitschr. f. d. ges. Staatsw." 1885, 1. Heft.

Man muß das Kind beim rechten Namen zu nennen wagen: die Gerechtigkeit der Betheilung der Arbeiter am Productionsertrage liegt gar nicht in der individuell genauen Uebereinstimmung zwischen ihrem Einkommen und Arbeitstheils-Ertragswerth, sondern darin, daß jeder Theilnehmer an der Production so viel erhalte, um nicht nur nothdürftig bestehen, sondern als tüchtige Kraft im Dienste der Gemeinschaft wirken und ein zufriedenes Leben ohne Miethlingsgesinnung führen zu können. Dieses wäre mit dem Socialzeit-Arbeitseinkommen gerade nicht gesichert, nicht entfernt auch nur so weit gesichert, wie es in der kapitalistischen Volkswirthschaft durch die privaten Preis-, Lohn- und Renten-Kämpfe erreicht ist. Nicht, als ob der schrankenlose Kapitalismus eine vollkommene Einkommensordnung ergeben würde; die überhaupt mögliche Vervollkommnung ist erreichbar, ohne irgend eine der drei Formeln ins öffentliche oder ins private Recht einzuführen. Man kann streiten, ob bei autoritärer Collectivproduction jene Formel der Socialdemokratie eine zureichende Verhältnißmäßigkeit der Besoldungsscala einmal bewirken würde. Bei demokratischer Einrichtung der Collectivproduction wäre eine gerechte Anschreibung der Arbeitszeiten ohne Zurücksetzung der Fleißigen und Hinaufsetzung der Faulen schlechterdings nicht sicher, ja nicht wahrscheinlich. Der Gebrauchswerth der Arbeit, ihre sociale Verdienstlichkeit, ist bei Entlohnung nach einer bloßen Kostenwerththeorie voraus vernachläßigt.

Die Socialdemokratie hat nicht blos die mathematische Formel der austheilenden Gerechtigkeit nicht gefunden, sie hält zum sechsten nicht einmal und kann nicht halten das Versprechen der im untheilbaren Interesse des Individuums und der Gesellschaft unentbehrlichen, die Wirthschaftlichkeit im Dienst der Gesammtheit verbürgenden Verhältnißmäßigkeit zwischen dem socialen Werth der Leistungen und dem Werth der Bezüge aus der Gemeinschaft. Diese annähernd, jedoch nicht exakt durchführbare Forderung ist ein „ewig" wahres und zwar ein ächt sociales, nicht ein individualistisches Princip; denn wenn Derjenige obenan kommt, welcher mehr für die Gesellschaft leistet, so kommen die Früchte des Fleißes, der Einsicht, der Treue, der Tugend, der Wirthschaftlichkeit aller hervorragenden Individuen Allen, dem ganzen Volke, zu gut; die Gemeinschaft und in ihr die Einzelnen erreichen durch die Verhältnißmäßigkeit der materiellen und ideellen Vergeltung das überhaupt erreichbare Maß des Wohlbefindens; mit Einem Wort: das Ergebniß ist Theilnahme der Massen an den Früchten der besseren Arbeit, eine Fülle praktischer Ausgleichung. Allein so gemeinnützig diese Verhältnißmäßigkeit auch ist und so wenig irgend eine geschichtliche Stufe der Civilisation derselben wird entbehren können, ebenso unläugbar ist dieses Princip im höchsten und besten Sinne des Wortes aristokratisch. Es bedeutet die Aristokratie des Verdienstes, das Mehrgelten, das materielle und ideelle Mehrgenießen und Hervorragen der Mehrleistenden im Interesse des Ganzen. Mit einseitiger demokratischer Gleichheit ist diese Verhältnißmäßigkeit ganz unverträglich. Eine Socialdemokratie, welche derselben ganz gerecht würde, wäre eben keine Demokratie mehr. Die gegenwärtige Socialdemokratie wird aber dieser Grundforderung jeder productiven Gesellschaftsorganisation in Wirklichkeit gar nicht gerecht; sie will lediglich nach Verhältniß der Arbeitszeit=Leistungen — intensive auf mittlere Arbeit reducirt — den vertheilbaren Productionsertrag austheilen, durchaus nicht nach Verhältniß der Verdienstlichkeit und Productivität der Arbeit. Dazu ist ja eben die bekannte schon in der „Quintessenz" abgewiesene Socialkosten=Werththeorie zurechtgemacht. Bei autoritär organisirter Collectivproduction wäre die Einsetzung und Belebung aristokratischer Hebel und Reize noch denkbar; bei demokratischer Collectivproduction ließen sie sich nicht einmal einführen, noch viel weniger in genügender Stärke aufrechterhalten und ausbilden.

Dieß führt auf die Unerfüllbarkeit eines fernern — bereits des siebenten — Versprechens der Socialdemokratie, des Versprechens brüderlicher Austheilung des Productionsertrages weiter auch nach Verhältniß der Bedürftigkeit. Selbst wenn die Socialdemokratie beweisen könnte, was sie nicht beweisen kann, daß sie Jedem den Ertragswerth seiner Arbeit als Einkommen verbürge, so wäre ihr Einkommenssystem gleichwohl vollständig unzureichend, ein Faustschlag ins Gesicht des „eigentlichen" Communismus selbst. Der folgerichtige Gleichheitsmann und die praktische Bruderschaft verlangen eine Betheilung auch der Schwachen nach Maßgabe ihrer Bedürftigkeit. In der That vollzieht sich eine solche schon in der heutigen Gesellschaft; denn der ersten „kapitalistischen" Einkommenszuweisung folgt eine zweite und dritte und vierte durch die liebende Mittheilung an die Angehörigen und Freunde, durch Gegenseitigkeit im Versicherungswesen, durch Wohlthätigkeit und Armenpflege gegen die Unglücklichen und Nothleidenden, durch Zuschiebung der Staatslasten nach Verhältniß der Leistungsfähigkeit. Die Bedürftigkeit muß in jeder wirthschaftlichen Gesellschaftsordnung mehr oder weniger Berücksichtigung finden; das ist die relative Wahrheit des „eigentlichen" Communismus. Die demokratische Collectivproduction mit Austheilung nach

dem Arbeitszeitbeitrag sieht bisher überhaupt Nichts für diese Noth=
wendigkeit vor; das Schlimmere ist, daß die Socialdemokratie diese
Lücke auch gar nicht füllen und ihren Brüderlichsten daher nicht ge=
recht werden kann. Wenn man bei demokratischem Collectivismus mit
dem Austheilen von oben her auch nur anfangen, wenn man nicht nach
der Arbeitseinlage, sondern nach der Bedürftigkeit gesellschaftsseitig
Güter zuweisen wollte, so würde jedes Theilchen vom souveränen Volk
höchst bedürftig sein und scheinen. Alles gienge außer Rand und Band und
die völlige Gleicherklärung der Bedürftigkeit wäre das einzig praktisch
denkbare, aber schrecklich ungerechte, faulmachende und langweilige
Ende. Der demokratische Collectivismus kann nicht blos der verhält=
nißmäßigen Arbeitsvergeltung, sondern auch der brüderlichen Ver=
theilung nach Verhältniß der Bedürftigkeit schlechterdings nicht ge=
recht werden.

Der demokratische Collectivismus macht ein weiteres und haupt=
sächliches Versprechen, indem er achtens die völlige Unterdrückung
aller „Ausbeutung" oder wie Marx es ausdrückt, aller Aufsaugung
von „Arbeitsmehrwerth", in unbedingt gewisse Aussicht stellt. Ich
läugne nicht, daß bei schrankenloser Freiheit kapitalistischen Erwerbes
viele Ausbeutung wirklich vorkomme und Ausbeutung der Lohnarbeiter
bis zur Stellung auf die Hungerration stattfinden könne. Damit ist
noch lange nicht bewiesen, daß bei kapitalistischer Production der
Arbeitsaussaugung nicht gewehrt werden könne. Noch weniger, daß der
ganze Kapitalprofit in seinem den Entgelt der Unternehmerarbeitszeit
übersteigenden Betrage Aneignung des den Lohnarbeitern gestohlenen
Theils vom wirklichen Ertragswerth der Lohnarbeit sei. Da wie
nachgewiesen der Gegenwerth des Arbeitsbeitrages bei Arbeitstheilung
überhaupt nicht ermittelt werden kann, so ist auch im „Volksstaat"
die Ausschließung jeder Ausbeutung, wie im Kapitalistenstaat die Mehr=
werthsaneignung, gar nicht beweisbar, ist der Kapitalprofit gar nicht
allgemein solche Mehrwerthsaneignung. Gerade im Socialstaat könnte,
weil keine Hausproduction mehr stattfände, eine Betheilung mit dem
ganzen Arbeitsertrag oder dessen vollem Gegenwerth überhaupt nicht
mehr stattfinden; der Volksstaat dehnt den Spielraum möglicher Aus=
beutung weiter aus, als jedes andere Productionssystem. Diese ganze
dem Proletariat eingepumpte einseitigst individualistische Vorstellung ge=
nauer Deckung zwischen Einkommen und Ertragswerth der Arbeit ist
durchaus nichtig. Der größte Kapitalprofit kann ein wohl verdienter sein,
wenn der Unternehmer hauptsächlich, durch Einsetzung seines Kapitals und
seiner Arbeit oder des ersten allein, einen großen Productionserfolg

erzielt. Wie viel vom Werth des gemeinsamen Productes der Wirkung des Kapitals, wie viel derjenigen der Lohnarbeitsleistungen zuzuschreiben sei, das läßt sich wie schon bemerkt schlechterdings nicht ermitteln; die Bezeichnung des ganzen Kapitalprofites als „Plusmacherei" (Marx) durch Aneignung vom Werth des Arbeitsertrages der Lohnarbeit ist selbst eine Plusmacherei hyperkritischer Logik. Die Vorspiegelung ist völlig eitel, daß im Idealstaate der demokratischen Collectivproduction Thür und Thor gegen jede „Ausbeutung" verrammelt und das Herabsinken der Arbeitseinkünfte auf die Ration gegen das Hungersterben ausgeschlossen sein würde. Der Privatkapitalist allerdings könnte nicht mehr die Lohnarbeit ausbeuten; denn alles Privatkapital wäre abgetakelt. Der Arbeiter könnte dagegen den Arbeiter, der führende den angeführten, der faule den fleißigen, der freche den bescheidenen Mitproducenten, der Demagog den Gegner recht gründlich ausbeuten. Bei demokratischer Collectivproduction lassen sich hiegegen am wenigsten Schranken aufrichten. Sie wäre das ausbeutbarste Productionssystem, da sie sich der praktischen Demagogie der Zurücksetzung der productiveren und gebrauchswertheren Arbeit gar nicht erwehren könnte. Bei der quantitativen Controle der Arbeitszeiten, bei der Feststellung der „Normalwerkleistung", bei der Umrechnung von intensiver in extensive Arbeitsleistung könnte es so ur- oder ungemüthlich zugehen, daß der Marx'sche Kapitalist-„Vampyr" gegen die socialdemokratischen Schmarotzer, Volksbetrüger und Majoritätsfaulenzer eine sehr respectable Figur sein dürfte. Der Hauptvampyr wäre der Staat, welcher dem Volk Vergnügen zu schaffen und Jedem jede höchste Erdenlust zu erfüllen hätte. Auch durch die Einziehung alles Grundeigenthums zu Staatspachtland oder durch steuertechnische Aufsaugung aller Bodenrente, wie dieß Henry George's „Nationalisirung" des Grundeigenthums im Schilde führt, wäre die Ausbeutung in Form der Staatsverschwendung für einen süßen Pöbel nicht entfernt ausgeschlossen [1]).

Nicht erfüllbarer ist ein neuntes Versprechen des demokratischen Collectivismus: die Verhütung aller Erwerbsstockungen.

Das Elend der unverschuldeten Erwerblosigkeit bildet den größten Schrecken für das Leben des arbeitsamen Besitzlosen. Die socialdemokratische Kritik schreibt den Jammer der großen Erwerbsstockungen der kapitalistischen Productionsweise und nur dieser zu. Zwei Eigenthümlichkeiten der letzteren seien es, welche mit Nothwendigkeit immer

---

1) Vgl. „Incorporation des Hypothekarkredits".

wieder die Erwerbsstockungen herbeiführen: die von der Gesellschaft nicht gezähmte Uebermacht der Conjunctur und die Kaufunfähigkeit der Massen bei einer hinter dem Arbeitsertrag zurückbleibenden Entlohnung. Von zahllosen concurrirenden Geschäften producire jedes ins Blaue hinein, ohne Kenntniß des Bedarfes, ohne Kenntniß des Umfanges der Production Anderer; so werde die „Conjunctur" oder die Macht der unbeherrschbaren Socialzusammenhänge, welche namentlich von Lassalle überaus geistvoll erörtert ist, übermächtig in der kapitalistischen Gesellschaft; Bedarf und Angebot gerathen periodisch in grelle Mißverhältnisse; das gestörte Gleichgewicht könne nur durch Erwerbsstockungen wieder ausgeglichen werden. Der andere Factor der Erwerbsstockungen in der industriellen Großproduction sei — so wird weiter behauptet — dieß, daß der Arbeitslohn nicht im Verhältniß der zunehmenden Productivität von Arbeit und Kapital mitsteige; dieß ergebe Production, für welche keine zahlungsfähige Nachfrage da sei, also Ueberproduction, folglich Erwerbsstockung, Darben mitten im Ueberfluß, Beschäftigungslosigkeit bei Arbeitswilligkeit und bei Productionsfähigkeit der darbenden Arbeitermassen. Beide Uebelstände verspricht der Collectivismus zu heben; die einheitlich geschlossene, auf genauer Erhebung von Nachfrage und Bedarf beruhende Collectivproduction soll die Vorräthe jeder Art mit den Bedarfen jeder Art stets im Gleichgewicht halten und die Arbeiter, welche im Arbeitszeiteinkommen angeblich den ganzen Ertrag der Arbeit zugeschieden erhalten, bleiben im ganzen Umfang der Productenmenge zahlungs- und consumfähig; im „Socialstaat" gebe es daher keine Erwerbsstockungen. Dieß die socialdemokratische Lehre. Man kann m. E. nicht genug thun, um das Elend der Arbeitsstockungen zu verhüten und zu bekämpfen; wie ein Damoklesschwert hängt es auch in beschäftigter Zeit über dem Haupte der besitzlosen Arbeit; es verbittert jeden denkenden und familienbesorgten Proletarier. Nur soll man nicht meinen, daß die geschlossene Collectivproduction, gar die demokratische, die Uebermacht der Conjunctur ganz ausschließen würde und daß Lohnverkürzung die Hauptursache der Erwerbsstockungen und der großen Gleichgewichtsstörungen zwischen Angebot und Bedarf sei. Die Conjunctur ist nicht blos Macht der Social-, sondern auch der Naturzusammenhänge und ein sehr großer Theil beider Arten übermächtiger Verkettungen wäre auch für den „Volksstaat" unbeherrschbar. Das Schwanken der Ernten, der Wechsel warmer und kalter Winter, die Umwälzungen in der Technik, die Unregelmäßigkeit in der Bevölkerungsbewegung, der Mangel an Organisation der Auswanderung und der Ar-

beitsnachweisung, die Freiheit der Berufs- und Aufenthaltswahl, die Freiheit der Bedürfnißbestimmung und Anderes haben einen sehr großen und nicht zu vertilgenden Antheil an jenen Gleichgewichts=
störungen. Selbst der „Zukunftsstaat" könnte dieser Ursachen nicht ein=
fach Herr werden und auch im Jetztstaat sind starke und ausreichende Schutzwehren durch eine positive Social= und Wirthschaftspolitik mög=
lich. Der autoritäre Collectivismus würde vielleicht des Uebels in erheblichem Maße Herr werden, allerdings nur mittelst strammer Re=
gelung der Bedarfe auf Kosten der individuellen Freiheit der Bedarfs=
bestimmung, mittelst Zwanges gegen die individuelle Freiheit in der Wahl des Productionsberufes, mittelst scharfer bevölkerungspolitischer Eingriffe; doch bleibt zweifelhaft, ob diese Mittel zusammen nicht mehr Unglück anderer Art verhängen würden. Der demokratische Col=
lectivismus darf und kann — der Freiheit wegen — zur Lösung der großen Aufgabe sich nicht erheben; die ewige Unruhe und Störung im Gange der Productionsleitung zusammen mit dem launischen Bedürfnißwechsel des souveränen Volkes würde die Uebermacht, wo=
mit das „Fatum" der Erwerbsstockungen hereinbricht, gewiß ganz außer=
ordentlich erhöhen. Die beharrliche Vorwegnahme von Arbeitsertrags=
werth durch das Kapital, worauf die Krisen weiter beruhen sollen, ist wie bemerkt nicht erweisbar, und ist, soweit Ausbeutung vorkommt, nicht durch Collectivproduction, sondern durch ganz andere Mittel zu bekämpfen; auch würde, wenn die Abdarbung auf den Hungerlohn wirklich die Regel wäre, die Aufsaugung von Arbeitsertragswerth nur die Mehrproduction der vom Kapitalisten begehrten Productions=
und Gebrauchsgüter, nicht die Stockung verursachen.

Der demokratische Collectivismus verspricht — zehntens — die Aufhebung des Privatlohndienstes, welcher die fortdauernde Sklaverei des Proletariates darstelle. Die „Lohnsklaverei" soll durch ein allge=
meines Arbeiten im unmittelbaren Dienste der Gesammtheit ersetzt werden; die ganze productive Arbeit würde in den Stand eines besoldeten Beamtenthums der demokratischen Republik übergehen. Kein Zweifel, daß der Privatdienst für Arbeiter von höherem Selbst=
gefühl und von persönlicher Ueberlegenheit über den Principal tief niederdrückend ist. Es ist aber nicht erwiesen, daß für die Masse der heutigen Lohnarbeiter das Privatdienstverhältniß nicht auf andere Weise erträglich gemacht werden kann, noch ist dargethan, daß die Elite der Arbeiter innerhalb und außerhalb der kapitalistischen Sphäre der Volks=
wirthschaft leitende Stellungen, welche auch hohes Selbstgefühl zu be=
friedigen geeignet sind, nicht finden könne. Dagegen ist es gewiß,

daß es überhaupt keine Gesellschaftsordnung giebt, in welcher Keiner gehorchen muß und Jeder herrschen kann oder auch nur alles Herrschen eitel Lust und Vergnügen wäre. Gerade auch in der Staats=, Gemeinde= und Corporations=Wirthschaft der bestehenden Gesellschaftsordnung erkauft die Masse des Beamtenthums den großen Vortheil unmittelbarer und ununterbrochen ernährender Arbeit im Dienste der Gemeinschaft mit sehr strammem Gehorsam gegen oft recht unbedeutende und chikanirende Protectionskinder und mit sehr großen Ungewißheiten über das gleichheitlich gerechte Emporrücken auf der Leiter der Beamtenhierarchie. Die Freiheit und Gleichheit verlöre in einem Maße, welches die Demokratie gar nicht ertragen würde. Der demokratische Collectivismus selbst würde, da die Volksherrschaft leicht Pöbelherrschaft wird und diese stets dem Gemeinen und Unbedeutenden günstiger ist, als dem Edlen und Hervorragenden, auf die allerempfindlichste Weise die reizbarsten Selbstgefühle massenhaft verletzen, ohne auch nur den Ausweg des beliebigen Herren=, Orts= und Berufswechsels so frei zu erhalten, wie es beim kapitalistischen Privatdienstverhältniß einigermaßen noch der Fall ist. Der demokratische Collectivismus müßte auch an dieser Klippe scheitern und könnte am wenigsten den bessern Arbeitern, deren Selbstgefühl sich jetzt sträubt, auch in diesem Stücke seine Versprechungen halten.

Die wirthschaftspolitischen Cardinalpunkte des socialdemokratischen Programms dürften mit obigen zehn Sätzen und Versprechungen erschöpft sein. Offenbar vereitelt gerade der extreme Individualismus, welcher dem Socialismus ebenso wie dem Kapitalismus in allen Gliedern sitzt, die Versprechungen der Socialdemokratie gründlichst. Demokratischer Collectivismus ist unmöglich und kann in keinem Stück auch nur wirthschaftlich erfüllen was er verspricht. Wollte er ausführbar werden, so schlüge er in der Praxis in den autoritären Socialismus um, welcher an sich denkbar, übrigens dem positiv verbesserbaren jetzigen Gesellschaftszustande erweisbar nicht überlegen ist. Man hätte zwar noch lange nicht das allgemeine Zwangsarbeitshaus, wie eine zu viel und daher nichts beweisende Kritik behauptet hat, aber man hätte sicherlich nicht jene Freiheit und Gleichheit Aller, die das Proletariat „meint" und die der Socialdemokratismus ihm vorspiegelt. Für eine nichtige Improvisation, welcher das nothwendige Fehlschlagen aller Versprechungen so scharf auf die Stirne gezeichnet ist, will die Socialdemokratie den ganzen jetzigen Gesellschaftszustand und mit diesem das Glück der ganzen besitzenden Bevölkerung in Trümmer schlagen und den nationalen Geschichtsboden entwurzeln. Unmöglich, aussichtslos!

Zum zweiten Mal unmöglich, weil auch die gleichgewichtigen und sogar übergewichtigen nichtvolkswirthschaftlichen Interessen der Nationen den demokratischen Socialismus unbedingt ausschließen. Mit demokratischer Collectivproduction ist der Hort innerer und äußerer Sicherheit, die Grundlage aller Macht und Autorität, ein tüchtiges Heer, nicht verträglich. Mit ihr ist jene Autorität im Staat, in der Kirche, in der Erziehung, in der Familie, endlich in der Volkswirthschaft selbst, ohne welche die Collectivproduction selbst im Urschlamm der Barbarei zusammenflöße, ohne welche die segensreiche Ordnung nicht bewahrt werden könnte, schlechterdings unverträglich; demokratischer Collectivismus vernichtet gerade die Bedingungen, unter welchen der autoritäre Collectivismus immerhin noch denkbar ist, aber allgemein niemals wünschenswerth sein wird. Das ist der weitere ungeheure Fehler der Socialdemokratie, welchen die Kritiker derselben freilich getheilt und daher regelmäßig übersehen haben: sie stellt rein volkswirthschaftliche Reformfragen, und zwar solche, welche als das Anliegen eines verhältnißmäßig kleinen Volksbruchtheiles — des Industrieproletariates — sich erweisen, über alle anderen Interessen des ganzen Volkslebens. Die energische Verbesserung der Lage des Industrieproletariates ist eine vollberechtigte Forderung hohen Ranges, hat aber nicht die souveräne Bedeutung, daß darum die geschichtliche Volkswirthschaft zerschlagen und alles Andere in die Schanze geschlagen werden dürfte. Beachtet man dieß, so behält auch in der gegenwärtigen Volkswirthschaft selbst gar Vieles seine volle Berechtigung, was für die abstracte Idealconstruction der besten Productions- und Einkommensordnung nicht vorhanden oder sehr anstößig ist. Die Volkswirthschaft hat mit allen übrigen Seiten des Volkslebens, dessen wirthschaftlich geregelter und zu regelnder Unterhalts- und Ernährungsorganismus sie ist, in Einklang zu treten. Sie hat den unbedingten Bedürfnissen auch des Religions-, Staats-, Rechts-, Erziehungs-, Kunstsowie des Familienlebens — der Gemeinschaft wie der Einzelnen — sich zu unterwerfen. Verlangen diese anderen Interessen, sowie die wirthschaftlichen Interessen jener Volkstheile, welche nicht zum Industrieproletariat gehören, die Aufrechterhaltung der kapitalistischen Production in der Sphäre ihrer volkswirthschaftlich besten Anwendbarkeit, verlangen sie zum Träger der Ordnung, der Staatsautorität, der Erziehung, der Familiencontinuität den Fortbestand ungleichen Einkommens, welches nicht Productions-Einkommen ist — erheischen sie solches

Einkommen für einen wohlbezahlten Beamtenstand, für einen Adel, der ohne Grundrentenbezug nicht sein kann, für einen Unternehmerstand, der ohne Kapitalrente nicht besteht, Zins- und Rentenquellen für gemeinnützige Anstalten, für gegenseitige Vereine, für Wittwen und Waisen, so sind alle diese Hauptstücke der geschichtlichen Volkswirthschaft im Ganzen aufrechtzuerhalten und nur im Einzelnen so zu verbessern, daß auch der Lohnarbeiter dabei menschenwürdig bestehen, daß derselbe als vom Ganzen geschützter und gehobener Träger seines Berufes im Dienste der Gemeinschaft leben und hiebei das für Menschen erreichbare Glück finden könne. Die Kritik der Socialdemokratie aber hat sich bis jetzt der besten Gründe und der stärksten Waffen begeben, indem auch sie die Binde, welche das Zeitalter blendet, nicht abnahm; man hat sich den Absolutismus der materiell-ökonomistischen Gesellschaftsbetrachtung von den souveränen Anwälten des Industrieproletariates viel zu willig gefallen lassen. Erhebt man sich von dieser Beschränktheit der gerühmten Aufklärung des „Zeitalters der materiellen Interessen", so fällt die ganze Socialdemokratie als eine ungeheure Anmaßung. Dieses Urtheil hindert nicht anzuerkennen, daß das Verdienst einer die positive Reform anregenden und erzwingenden Kritik aller Schäden des liberal-kapitalistischen Zeitalters den wirklich wissenschaftlichen Vertretern des demokratischen Collectivismus gesichert bleibt, daß ein Geist edlen Strebens, theilweise ein die gesättigten Klassen beschämender und bis zum Martyrium sich erhebender Idealismus selbst manchem Agitator der Socialdemokratie nicht abgestritten werden kann.

Die nicht volkswirthschaftlichen Interessen jedes Volkes würden — sage ich — den Socialdemokratismus verbieten, selbst wenn er was nicht der Fall, wirthschaftlich möglich wäre.

Da ist zuerst das Staatsinteresse.

Individualistisch im Extrem ist auch der politische Demokratismus der Socialrevolutionäre. Nicht blos im Anarchismus, welcher praktisch im Unsinn gipfelt, sondern auch in der „Volkssouveränetät" der Freien und Gleichen des Socialstaates ist er völlig unfähig, politisch die „Freiheit und Gleichheit" Aller zu verwirklichen.

Wir sind, verehrter Freund, schon im Jahre 1871 für die möglichste Ausdehnung des Wahlrechts in Oesterreich eingestanden und für das deutsche Reich möchte ich heute noch vom „allgemeinen Stimmrecht" nicht abweichen. Die socialdemokratische „Freiheit und Gleichheit" hat jedoch damit Nichts zu thun und ist im allgemeinen Wählen auch gar nicht verwirklicht. Das allgemeine Stimmrecht hat zur Voraussetzung starke Widerlager der Autorität in Königthum, Armee, Adel, Kapital, Beamtenthum und Klerus. Unter dieser Voraussetzung kann es m. E. besser als jedes andere System die Aufgabe lösen, welche durch das Wählen allein gelöst werden soll und gelöst werden kann: das ganze Volk am Staat zu interessiren, alle seine Beschwerden und Wünsche den Staatsorganen vorzulegen, ein mitentscheidendes nicht blos mitberathendes, von der Regierungsgewalt unabhängiges Volkshaus neben einem Senat und Staatsrath zu schaffen, ein Unterhaus, welches die Gesetzgebung mitbestimmen, die Verwaltung durch die Geldbewilligung beeinflussen, die Regierung controliren und derselben Antriebe geben und Widerstände entgegensetzen, kurz die Gefahren des Absolutismus beseitigen soll. Dagegen ist einleuchtend, daß ohne jene „Widerlager" das allgemeine Stimmrecht gefährlich und in einem der Autorität so ungeheuer bedürftigen Staat, wie der Idealstaat der Communisten wäre, völlig unausführbar ist. Nicht minder leuchtet ein, daß selbst das allgemeine Stimmrecht die gleiche Freiheit Aller im Staat, die famose „Volkssouveränetät", weder herstellt, noch je herstellen kann. Wo kommt denn die gerühmte Freiheit des politischen Wollens Aller hin, wenn immer auf 3 Jahre 999999 Wähler ihren Willen je einem Volksvertreter für gar nicht vorausbekannte Entscheidungen überlassen und vielleicht 49999 unter 99999 Wählern als Minorität wider Willen diese Abtretung sich können gefallen lassen müssen? Wo kommt die Gleichheit staatlicher Geltung hin, wenn die große Mehrheit — an vier Fünftel der Bevölkerung — durch Geschlecht und durch den Mangel der politischen Altersreife vom Wählen ausgeschlossen sind, wenn vom letzten Fünftel ein Drittel regelmäßig nicht abstimmen kann, wenn vom Rest — also schon nur $\frac{2}{15}$ — wieder ein Drittel in der Wahl überstimmt wird, wenn der nunmehrige Rest — jetzt vier Fünfundvierzigstel des Volkes — seinen Willen 400 Abgeordneten überläßt, wenn unter diesen höchstens 300 regelmäßig abstimmen, also schließlich 151 Leute entscheiden können? Das ist bei allgemeinem Stimmrecht möglich und beiläufig ist es wirklich so. Mit der Verwirklichung des „Volkswillens" durch das allgemeine Stimmrecht, mit der individualistischen „Freiheit und Gleichheit", mit der gemeinten „Volkssouveränetät" ist es Nichts. Es giebt vielerlei staatliches Wollen im Volke beim Wählen, es giebt gleichartige Strömungen auf dem wilden Meer der Wahlbewegung (allerdings mit zahllosen Strudeln darin), aber es giebt keinen andern einheitlichen Willen des Volkes als denjenigen der berufenen Staatsgewalten, von welchen die Volksvertretung in der constitutionellen Monarchie ein Glied und Theil ist.

Möglich), daß die Volksvertretung allein die Staatsgewalt ausüben kann, wenn sonst Gewähren geschaffen sind. Der reine Volksstaat mit Collectivproduction gestattet das nicht; er kann die politische Freiheit und den gleichen Machtantheil Aller nicht verwirklichen, er vermag weniger als jeder andere Staat eine zugleich und ausschließend regierende Volksvertretung aufzubringen, weil er am meisten feste — Autorität benöthigt.

Der demokratische Collectivismus ist auch bezüglich der Reform des Familienrechtes weder ausführbar noch fortschrittlich.

Auch dann, wenn die Kinder von der Geburt weg in die Staatskrippen gelegt würden, käme in Aeonen doch die Gleichheit der Menschheit nicht heraus. J. Jacobi, der bürgerliche Demokrat, hat gesagt: „Alles, was Menschenantlitz trägt, ist ein adeliges Geschlecht." Die Menschen sind jedoch gleichmäßig von Adel nur dem Thiere gegenüber; untereinander sind sie sehr ungleichmäßig edel, Jeder trägt ein anderes Antlitz und bei Keinem ist auf dasselbe Antlitz dasselbe geschrieben und liegt hinter dem Antlitz gleich viel. Da Jeder alle Zeit nur Eine Mutter und Einen Vater aus einer einzigen Zeugungsstunde her hat, so kann die Gleichheit trotz aller Staatserziehung nicht erreicht werden; es würde lediglich den Eltern die Kinderliebe und den Kindern die Elternliebe, der Volkserziehung aber die passendste Art der individualisirenden Erziehung durch die Urheber jeder Individualität verloren gehen. Die allgemeine Ersetzung der Familienerziehung durch die Staatsammenschaft ist ein Ungedanke. Selbst im Bienenstaat sind die Ammen, welche zugleich die einzigen Arbeiterinnen sind, die galanten Männer erstechen und die Kinder einer einzigen königischen Generalmutter erziehen, wenigstens geschlechtlose Individuen; im „Socialstaat" ist diese Einrichtung physisch und grundsätzlich nicht möglich, sie wäre gar nicht gleichheitlich und demokratisch.

Der extreme familienrechtliche Individualismus bedeutet überdieß den ungeheuersten Rückschritt. Die älteste aber roheste Form des Familienverhältnißes, in welchem Stamm und Paarungsehe ineinander verfließen, ist die Mutterverwandtschaft, der von Bachofen entdeckte Hetärismus. Dieser Zustand würde fratzenhaft wiederkehren. Der Mutterstamm gieng geschichtlich dem Vaterstamm (tribus, gens, γένος, Clan) als Familienverhältniß voran und doch ist längst selbst die Vatersippschaft (Patriarchie) durch die patrimoniale und feudale Familienverknüpfung, endlich auch diese durch die moderne Familie unter Befreiung der Einpaarehe von sippschaftlicher Abhängigkeit ersetzt worden; die Geschichte der Familie führte bis jetzt vom Hetärismus immer weiter hinweg. In der Horde, von welcher die Ent-

wickelung ausgegangen ist, war jene wilde und hundemäßige Ver=
mischung der Geschlechtsindividuen, wie sie Espinas als ein die thier=
rische Gesellschaftung begünstigendes Verhältniß an der Meute, am
Rudel, an der Herde nachweist, einigermaßen möglich und mit dem
Bestand der Gemeinschaft verträglich, auf dem Höhepunkt großer
Kulturnationen ist sie in jeder Hinsicht unmöglich. Das eben ist unter
allen gesellschaftlich angelegten Wesen nur dem Menschen bescheert
worden, den Gesellschaftszustand immer mehr mit monogamer (einpaar=
licher) und dem Bann der weiteren Stammfamilie entwachsener Ehe,
Elternschaft und Kindschaft zu vereinigen, die Familie und die Fami=
lienfürsorge im „Kapital" zum Organ der Führung der Production,
in der Erbmonarchie zum Organ der Lenkung des Staates, in jedem
Berufsverhältniß aber unbewußt zum Träger der socialen Pflichter=
füllung machen zu können. Diesen einzigen Adel des ganzen Menschen=
geschlechtes würde der consequente Gleichheitsfanatismus in einem
modernsten Hetärismus ertränken, welcher nicht einmal die Vortheile
der Bachofen'schen Ur=Mutterfamilie haben würde; die Gleichheit
der Frauen und der Kinder mit den Männern nicht zu verwirklichen,
wäre das Wichtigste, was einem neuen und jenem alten Hetärismus
gemein wäre.

Die Preisgebung der Festigkeit des Ehebandes an die Freiheit
der individuellen Begierden wäre gerade im Staate der reinen Col=
lectivproduction am allerwenigsten möglich. Die allgemeinste Grund=
lage der Ordnung ist die autoritative Gruppirung zwischen Mann und
Frau, Eltern und Kindern; Autorität aber hätte kein Staat mehr
nöthig, als derjenige mit Collectivproduction.

Die individualistische Freiheit und Gleichheit ist ferner auf diesem
Felde sogar eine physische Unmöglichkeit. Der gleiche Anspruch eines
jeden auf die geschlechtliche Gunst jedes beliebigen anderen Individuums
würde zudem schändbare Knechtschaft bedeuten.

Dagegen ist es unwahr, daß die jetzige Ehe das weibliche Geschlecht
knechte; die heutige Ehe ist im Durchschnitt kein absolutistisches, son=
dern ein konstitutionelles Verhältniß, vielfach sog. „parlamentarische"
Herrschaft der Frau. Soll man die Hälfte der Erwachsenen der Ver=
lassung preisgeben? Die „Freiheit" würde die Frauen erst recht in
die Knechtschaft zurückstoßen. Eheliche und elterliche Liebe bringen
eben praktische Ausgleichung in Menge zu Gunsten der Schwächeren
und begründen eine Fülle hohen Lebensglückes; der radikale Individua=
lismus würde dieses Glück der großen Mehrheit, die es genießt, neh=
men, statt den wenigen Frauen, die dieses Glück nicht finden können,

den Ersatz zu bieten, welcher denselben überhaupt geboten werden kann.

Bezüglich der sittlichen, rechtlichen, politischen und technischen Welt= und Menschheitsverbesserung mußte ich in meinem letzten Schreiben den Collectivismus als „Optimismus" kennzeichnen.

Der Socialismus fröhnt wirklich einem Berge versetzenden Glauben an die kommende Weltverbesserung, welcher durch den Pessimismus seiner Kritik des Bestehenden noch widerlicher wird. Er begeht den fast wahnwitzigen Fehler, das Glücksproblem lediglich als wirthschaftliche Vertheilungsfrage aufzufassen, während jede Minute Familienglück, jede Stunde frommer Andacht, jede Secunde schöpferischen Denkens, jeder Abend Geselligkeit, jedes Wort heiteren Verkehrs, jedes Streben nach Liebe, Freundschaft und Achtung der Mitmenschen, jede Stunde des Behagens der Wiedergenesung, jeder Trost beim Sterben, auf das Gegentheil hinweist. Die uralte Erfahrung der Menschheit sagt, daß die Erde Hölle oder Himmel niemals war, es jetzt nicht ist, noch je werden kann. Gerade die collectivistische Wirthschaftsordnung würde nicht nur die wahre Freiheit und Gleichheit und deren Glück aufheben, worauf alsbald die Rede kommen soll, sondern selbst Alles das, was das in der wirthschaftlichen Welt mögliche Glück gewährt: die Selbstständigkeit im Beruf, das Hervorragen des Bedeutenden, die Sicherheit des Besitzes, die Freuden der rura paterna (Erbscholle). Nicht die Abschaffung sondern die Verallgemeinerung des Vermögens und Einkommens an und aus den Productionsmitteln schafft nach der wirthschaftlichen Seite hin das „Glück" des Volkes.

Nicht weniger haltlos ist der Collectivismus in seiner naturalistisch=materialistischen Philosophie (Metaphysik) und in seiner atheistischen Religion.

Beide, der naturalistische Materialismus und der Atheismus, die ich als die letzten Ausläufer der extrem kritischen Philosophie nachgewiesen habe, sind philosophisch geschlagen und als die gröblichsten Ausschweifungen, die sich je die Metaphysik erlaubt hat, zurückgewiesen. Sie sind Gemenge rohesten Un= und Aberglaubens, welche dem christlichen Theismus und den großen Kirchen, die den letzteren hüten, Nichts anhaben können. Die Menge schweißbeladener Producenten wird niemals — keinesfalls ohne Verletzung der Freiheit und Gleichheit — zum Optimismus der Socialdemokratie in der Ethik, zu ihrem Materialismus in der Metaphysik, zu ihrer Gottesläugnung in der Religion gebracht werden können. Das Volk würde dabei das heiligste Stück seines idealen Glücksschatzes einbüßen und kein Staat wäre bei allgemeinster Weltverbesserung, bei allgemein materialistischer Weltanschauung und bei Atheismus als allgemeinem Volksunglauben so völlig unregierbar, wie gerade der „Idealstaat" der Socialdemokratie.

Der Materialismus und Atheismus der Socialdemokratie stützen sich auf angeblich wissenschaftliche, empirische Gewißheit. Begeben wir uns für einen Augenblick mit aller Seelenruhe auf diesen Boden, so finden wir vielmehr das Wesen aller philosophischen Metaphysik wie des religiösen Offenbarungsglaubens gerade darin bestehen, daß ihr Inhalt über die Erfahrung hinausstrebt, weil die Erfahrung selbst überall die Welt in einem nicht völlig erfahrbaren Zusammenhang, dessen Fäden ins Unendliche verlaufen, befangen findet.

Man kann zweiflerisch („skeptisch") sagen, daß die diesseitige und die „etwaige" jenseitige Welt überhaupt nicht erkennbar sei, daher am Ende der „empirischen" oder „exacten" Wissenschaft glaubenslos Halt machen; nur hat diese skeptische Resignation gar Nichts, was zu socialdemokratischem Optimismus hinreißt. Man kann aber nicht sagen, es sei wissenschaftlich erwiesen, daß „jenseits" der Grenzen unserer erfahrungsmäßigen Erkenntniß Nichts liege, auch nicht dasjenige, in welchem schließlich das ungelöste Welträthsel nach seiner geistigen und seiner materiellen, seiner Glücks- und seiner Jammerseite die Auflösung finde. Für diese Annahme spricht die äußere so wenig wie die innere Erfahrung.

Greift man über die Erfahrung („metaphysisch") aus und hat man das Bedürfniß bestimmten Glaubens, so sind dafür drei Sätze nicht abzulehnen. Erster Satz: auf was gar keine Thatsache der Erfahrung, weder eine materielle noch eine geistige hinweist, das ist auch metaphysisch eine leere Vorstellung, im Glauben eine bloße Einbildung; zweiter Satz: jede metaphysische und religiöse Glaubensvorstellung, welche mit einer sicheren Erfahrung im Widerspruch steht, ist unannehmbar, da jede Erfahrungsthatsache im jenseitigen Zusammenhang der Dinge widerspruchsfrei mit enthalten sein muß; dritter Satz: Metaphysik und Glauben sind unvollständig und unwahr, wenn nicht jede Erfahrungsthatsache miteinbezogen ist. Ergeben diese drei Cardinalsätze etwa den unwiderlegbaren Beweis der Wahrheit des Optimismus, des Materialismus und des Atheismus, beziehungsweise die Unwahrheit des Theismus? Mit Nichten!

Es ist nicht empirisch sicheres Wissen, vielmehr eine aller Erfahrung widersprechende metaphysische Annahme, wenn gesagt wird, die Welt sei heillos schlecht, oder sie lasse sich plötzlich vollkommen machen.

Es ist nicht empirisch gewisses Wissen, vielmehr ein der Erfahrung widersprechendes und ein unvollständiges „metaphysisches" Glauben, wenn man sagt, Alles sei Materie und mechanische Bewegung, jede höchste Geistesthat nicht ausgenommen; das einzig Sichere ist umgekehrt der Geist, durch den wir erst von der Materie wissen, und diese ist vielleicht selbst begeistet. Selbst die „monistische" Einserklärung von Geist und Materie ist ohne den festen Halt der Erfahrung, da die letztere Geist mit Materie zwar ausnahmslos verkettet zeigt, aber die „Einheit" von Empfindung und von mechanischer Bewegung auch nicht an Einem materiellen Atom nachgewiesen hat.

Der christliche Theismus nimmt in seine Metaphysik und in die Fülle seines Gottesbegriffes wenigstens eine einheitliche Deutung aller — der moralischen wie der mechanischen, der guten wie der übeln, der geistigen wie der materiellen Weltthatsachen — auf. Er ist frei von dem Irrthum, entgegen den hohen sittlichen Thatsachen der Geschichte und der höheren Geisteskultur den ganzen Natur- und Geschichtslauf für das ewig gleiche Spiel mechanischer Bewegungen einer bedeutungslosen Weltleier zu halten. Der unordentlichen („paranomen") Erscheinung des Bösen in der Welt setzt er die außerordentliche Erscheinung der Offenbarung und der Erlösung entgegen.

Und zwar nicht ins „empirisch" Leere hinein, sondern auf Grund geschichtlicher Thatsachen, zuhöchst der Erscheinung Christi. Es ist Entstellung, wenn man sagt, daß der christliche Theismus den empirischen Boden grundsätzlich ablehne, daß daher eine wissenschaftliche Theologie nicht möglich sei; die Thatsachen der Offenbarung, die Sprache der Werke Gottes in der Natur und der Geschichte, bilden den wenigstens subjectiv erfahrungsgewißen Anhaltspunkt des christlichen Glaubens. Selbst dieß ist falsch, daß sich der Wunderglaube mit den „Naturgesetzen" selbst in Widerspruch setze; die christliche Lehre sagt nirgends, daß Gott gegen die Naturgesetze, die er gegeben, selbst verstoße, indem er in der religiösen Offenbarung Wunderbares und in dem fortgehenden Auftauchenlassen neuer Ideen naturgesetzlich Unerklärliches gewirkt habe und fortgesetzt wirke. Was sind denn „Naturgesetze"? Wenn sie überhaupt eine klare Vorstellung bedeuten, sind es Formeln für constante Verkettungen von uns empirisch bekannten Ursachen und Wirkungen. Metaphysisch können sie nur als die unmittelbaren ewig sich selbst gleichen, nicht erst durch „Gesetze" entstandenen Wirkungsweisen Gottes gedeutet werden. Der christliche Wunderglaube hätte allerdings metaphysisch ein Loch, wenn er besagen würde, Gott werde gelegentlich sich selbst untreu und wirke in den Wundern gegen die Natur (contra naturam). Das ist, soweit ich die christliche Theologie kenne, gar nicht die Lehre der Christen. Ueber die unserer täglichen Erfahrung zugänglichen Wirkungsweisen hinaus (supra naturam) gebe es — glaubt der Christ — Wirkungsweisen Gottes und diese müssen metaphysisch eben deßhalb angenommen werden, weil für den Christen wirklich bezeugte Erfahrungsthatsachen darauf hinweisen; „Wunder auf Erden sind für den Christen Natur im Himmel", wie es Jean Paul ausdrückt. Eine einzige nach naturgesetzlichem Maßstab unerklärliche wunderbare Thatsache — welche bezeugt ist, — das Christenthum hält deren viele für bezeugt, — begründet auch die metaphysische Annahme des Eingriffes Gottes auf andere als die in den sog. Naturgesetzen ausgedrückten Wirkungsweisen. Mag man an die Gewißheit solcher Thatsachen glauben oder nicht, selbst der Vorwurf gegen das Christenthum ist unbegründet, daß der Wunderglaube der Kirche auf Verneinung der Naturgesetze beruhe und subjectiv mit der Erfahrung im Widerspruch stehe.

Der christliche Theismus erhebt die Gegenfrage: ist denn die menschliche Vernunft der Alles in sich reflectirende Weltspiegel und nicht vielmehr blos ein „Schein vom Himmelslicht"? Und antwortet: die menschliche Vernunft, in uns das höchste Gut, ist nicht die Centralsonne der Weltbeleuchtung. Zur souveränen und vollen Welterklärung ist sie in keiner Weise angethan. Sie ist eine Leuchte für den Menschen, der damit begabt ist, kein Spiegel der Welt, die „beste Gottesgabe", aber nicht göttlicher Geist. Sie ist neben der „Natur" die zweite und höhere Hemisphäre der uns bekannten und von uns erkennbaren Welt, der sogenannten „Erfahrung" (Empirie). Beide aber sind Stücke und Vorgänge eines unbekannten und nie völlig erkennbaren Zusammenhanges der Dinge. Was beide „an sich" sind, was jenseits der Erfahrung liegt, ist für uns nicht wißbar. Daß beide in einem Nichterkennbaren (Höheren) wurzeln können, was sie hegt und trägt, was das Geheimniß ihres Zusammenhanges zugleich besitzt und walten läßt, ist nicht widerlegt. Dieses Jenseitige, nach Abzug der Natur und der Geisteswelt, in diesen beiden waltend, dennoch über ihnen und nicht Grund ihrer Verderbtheit und Unvollkommenheit, ist der Gott des Christenthums, das Bekenntniß zu ihm der christliche Theismus.

Es ist nicht wahr, daß der christliche Theismus durch den kritischen oder gar durch den atheistischen „Rationalismus" geschlagen sei. Die rein verneinende und construirende Vernunft weiß nicht Alles, was vorgekommen ist und weiter noch vorkommen wird, noch kennt sie alle Weltgesetze oder Wirkungsweisen Gottes jenseits dessen, was wir erfahren. Nicht einmal ins Innere der Natur, d. h. der rein materiellen Welt bringt der erschaffene Geist. Im Geistesleben und in der Geschichte ereignet sich täglich, was nicht blos nach mechanischen „Naturgesetzen" nicht erklärt ist, sondern immer Neues. Der Mangel an zureichender Lichtstärke der menschlichen Vernunft beweist noch gar Nichts gegen uns unbekannte aber nicht minder ewige Wirkungsweisen, in welchen das Unerklärliche der natürlichen und der sittlichen That= sachenwelt für übermenschliche Vernunft erklärlich wird. Man kann sich entschließen, auf alle Metaphysik zu verzichten, aber die Ueber= legenheit des materialistisch=atheistischen Aber= und Unglaubens über den Theismus wird selbst noch von der resignirten Skepsis abge= wiesen werden müssen. Die Metaphysik des Materialismus hätte jeden= falls die Bude der Metaphysik zuerst zu schließen.

Der Theismus ist ferner nicht das einzige metaphysische System, dessen Sätze niemals buchstäbliche, sondern nur symbolische (sinnbild= liche) Wahrheit besitzen. Selbst der „Materialismus" ist symbolisi= render Glaube; denn jene „Materie" und „mechanische Schwingung", die für ihn Alles, auch das den Geist und die Geschichte Mitenthal= tende bedeutet, ist nicht mehr die Materie, welche mikroskopisch unter= sucht ist, nicht die „exacte" Bewegung, welche mit dem Dynamometer meßbar die Maschinen treibt. Auch der Materialist spricht, sobald er Metaphysiker wird, unbewußt durch die Blume und kann die me= taphysischen Behauptungen seines Glaubens nicht buchstäblich, sondern nur sinnbildlich meinen. Das ist unser Aller Loos, nur in Bildern des Endlichen das Unendliche, auf was die Erfahrung hinweist, aus= drücken oder vielmehr nur andeuten zu können. Es ist nicht die be= sondere Schwäche des Theismus, daß er seinen metaphysischen Lehr= begriff ohne Symbolik nicht darstellen kann, daß seine Sätze nicht im buchstäblichen Sinne zusammenbestehen können. Diesem Gesetz unter= liegt alle Metaphysik. Die Vorstellungsarchitectur aller Metaphysik ist, wie jene der Poesie, eine sinnbildliche. Die christliche Lehre hat vor dem Materialismus sogar zwei unermeßliche Vorzüge voraus: die symbolisirende Wahrheit ihrer Metaphysik offen und ehrlich zu bekennen; sodann: in Bildern des Höchsten und Besten, was es auf Erden giebt, die sinnbildliche, nicht buchstäbliche Vorstellung von Gott und seinem Reiche zu geben. An Aufrichtigkeit und an Erhabenheit, wie an Vollständigkeit, steht die christliche Symbolik mindestens hinter der den Schein exacter Wissenschaft erschwindelnden Metaphysik des Materialismus nicht zurück.

Ich will keine Theologie treiben und lasse Jedermann die Frei=

heit jener Skepsis und Resignation, welche an den Grenzen der Wissenschaft Halt macht und auf die metaphysische Ausdeutung der Erfahrung, nur der Erfahrung und aller Erfahrung, herzhaft verzichtet. Den Zweifel aber kann ich nicht zurückhalten, ob je die Masse des Volkes diesen Verzicht üben und ob der von der Socialdemokratie gepredigte Materialismus — eine Metaphysik und Religion für das Bildungsniveau philosophirender Vorarbeiter und Geschäftsreisender — den christlichen Glauben frei und allgemein (gleich) aus dem Volksgemüthe zu vertreiben im Stande ist. So wenig hat dieser Aberglaube Aussicht, das Christenthum zu ersetzen, daß er in den höheren wirklich gebildeten Lagen der Gesellschaft, aus welchen seine trüben Wasser in die Massen hinuntergesickert sind, bereits versiegt; es wird damit auch unten wieder trocken werden! Daß der Glaube oder vielmehr Un- und Aberglaube der Socialdemokraten weder das Volk beglücken noch den demokratischen „Socialstaat" regierbarer machen würde, ist aufliegend.

Damit glaube ich die außerwirthschaftliche wie die wirthschaftliche Haltlosigkeit und Nichtüberlegenheit der Socialdemokratie allseitig in Umrissen nachgewiesen zu haben. Was ist die Quintessenz dieser Kritik?

Der böse Geist, welcher den demokratischen Collectivismus seiner ganzen Weltanschauung nach auf dürrer Heide herumgeführt und ihn den Traum einer volkbeseligenden Gesellschaft hat träumen lassen, wird Ihnen — verehrter Freund — jetzt erst recht deutlich, aber schon nicht mehr schreckhaft, vor der Seele stehen. Dieser Geist ist der extrem individualistisch und subjectivistisch gefaßte Freiheits- und Gleichheitsgedanke des kritischen liberal-collectivistischen Zeitalters. Diese individualistische Ueberhebung ist zu bannen und die wahrhaft sociale, für die Einzelnen wie für die Gemeinschaft zugleich fruchtbare und beglückende Freiheit und Gleichheit zur vollen Geltung zu bringen.

Die Nichtachtung der Volksgemeinschaft, die Herabsetzung derselben zum bloßen Mittel, die schrankenlose subjective Freiheit des Beliebens des einzelnen und jedes einzelnen Individuums, das Allesthundürfen nach subjectiver Laune, das Umwerfen aller gesellschaftlichen Schranken und Gliederungen, das ist die falsche Freiheit, ob sie der ausbeutende Kapitalist praktizire, welcher den Staat nur als „Nachtwächter" nöthig hat, oder ob sie dem „Volke" der Socialdemokratie, dem Proletariate, im Zukunftsstaate in Aussicht gestellt wird. Solche individuelle Willkürfreiheit beglückt mit Nichten. Diese Freiheit macht nur Unzufriedene, Zweifler, Grübler, Bummler, Gecken, und Koketten, gewerbsmäßige Unruhestifter und Verzweifler, am meiſten dann, wenn dieſelbe entweder in nichtswürdigem Rentnerthum alle Arbeit ſcheut oder im „Socialſtaat" den dreiſtündigen Arbeitstag — was glücklicher Weiſe unmöglich iſt — beſcheert erhält.

Die wahre Freiheit iſt unbeſchränkte Entfaltung der Individualität im unmittelbaren oder im mittelbaren Dienſte der Volksgemeinſchaft gemäß den beſonderen Anlagen, mit Schutz vom Ganzen, mit Verhältnißmäßigkeit zwiſchen der Leiſtung an die Gemeinſchaft und dem Zufluß materieller und ideeller Güter aus der Gemeinſchaft. Dieſe Stellung muß auch dem induſtriellen Proletariate, welches unter Leitung des Kapitals dem Ganzen dient, verſchafft und das Kapital in die Stellung eines der Geſellſchaft verpflichteten Organs der Productionsführerſchaft gebracht werden; das iſt die wahre, beglückende, allgemeine Freiheit, die poſitive Ergänzung des Kapitalismus.

Mit der Gleichheit verhält es ſich ähnlich.

Daß jedes Individuum genau ſei, arbeite, genieße, herrſche und diene, wie jedes andere, iſt der Unſinn des extrem ſubjectiviſtiſchen Gleichheitsfanatismus. Die ganze Geſchichte des Menſchengeſchlechtes hat dafür geſorgt, daß wir immer mannigfaltiger geworden ſind, die Ungleichheit iſt erblich in uns befeſtigt. Die Güterportionen ließen ſich, wie ſchon Ariſtoteles gegen die antiken Kommuniſten hervorgehoben hat, am Ende gleich machen, aber die Naturelle „die Begierden aller Einzelnen" gleichzumachen, darauf käme es an. Das vermag auch der extremſte Gleichheitsindividualismus nicht. Auch für die Zukunft iſt dafür geſorgt, daß alle Individuen niemals gleich werden; dem großen Integrationsproceß der Sammlung und Vereinheitlichung der Völker und Völkergruppen läuft eine ebenſo ſtarke Differenziirung der Volksglieder, der Aemter, der Anſtalten, der Korporationen, der Genoſſenſchaften, der Vereine, namentlich aber der Familien und der Individuen parallel. Zu unſerem Glück iſt dieſer Weltlauf nicht aufzuhalten. Die wahre Gleichheit beſteht in der Berechtigung und in der Möglichkeit eines Jeden, ſeine Individualität zur Geltung zu bringen. In dieſer Geltung und Anerkennung eines Jeden liegt die wahre und die einzig mögliche Gleichheit. Dieſe iſt Gleichberechtigung zur Entfaltung der Individualität in dem ihr paſſenden Berufsdienſt für die Gemeinſchaft! Die Zugänglichkeit aller Stellungen für die zu jeder beſonderen Stellung beſonders und gleichſehr Befähigten, die möglichſte Beſeitigung ausbeutender Herrſchaftsbefugniſſe und der ausgebeuteten Dienſtſtellungen für Alle und Allen gegenüber, das macht den Inhalt der überhaupt verwirklichbaren und wahren Gleichheit aus. Nicht daß Alle Alles und dann bald Keiner etwas habe, daß Jeder herrscht und keiner dient, ist beglückende Gleichheit, sondern daß Jeder im Dienste der Gemeinschaft seine eigensten Anlagen entfalten könne und so viel zugetheilt erhalte, als hiezu nöthig ist. Das schließt große Unterschiede in Besitz und Einkommen, selbst den Gegensatz von Productionsmittel-Besitz und -Nichtbesitz nicht aus. Es bedingt nur, daß die Hervorragenden auch der unteren Schichten den Lauf an die hervorragenden Plätze unternehmen können. Der Collectivismus sichert dieß, wie ich schon hervorhob, gerade nicht, wohl aber, wie ich zeigen werde, die Reform Die wahre Gleichheit findet ihr volles Genüge, soweit die Geschichtsepoche sie überhaupt ermöglicht, im Positivismus der Socialreform.

Wir wollen, verehrter Freund, niemals Verächter sein der Freiheit und der Gleichheit schlechtweg, sondern nur der extrem individualistischen Gleichheit, welche die Bedeutenden köpft und die Unbedeutenden streckt, der Freiheit, welche keine sociale Ordnung will, und der Gleichheit, welche keine Mannigfaltigkeit der Individualitäten erträgt. Die gleiche Freiheit und die freie Gleichheit eines Jeden, im Ganzen und für das Ganze seine Kräfte am passendsten Orte und Berufe zu bethätigen und zu verwerthen, ist ein social erhebendes und erhabenes Prinzip, welches jede Epoche in dem geschichtlich nur immer möglichen Maße zur Geltung zu bringen hat. Es verbürgt wirklich das Maximum der überhaupt möglichen Volksbeglückung.

Bleiben wir dessen eingedenk, daß vor nicht hundert Jahren, als erstmals die falsche „Freiheit und Gleichheit" blutroth in den Gassen auftrat, auch die praktisch schon mögliche Freiheit und Gleichheit von den Resten der feudalen Epoche im Bunde mit dem Absolutismus zu Boden getreten war. Vergessen wir auch nicht, wie groß jene Schäden der nachmaligen liberalen Epoche geworden, welche von den scharfen Kritikern des demokratischen Collectivismus aufgedeckt sind. Wir werden dann selbst dem extremen Individualismus und Kriticismus, dessen Zwillingskinder Liberalismus und Socialdemokratie sind, sein geschichtliches Verdienst nicht abstreiten. Ein Theil von jener Kraft, „die stets das Böse will und stets das Gute schafft", lag in ihnen, aber die Individuen, die davon besessen waren, sind nicht selbst schlechtweg dumme oder böse Teufel. Sie hatten Geistesleuchten und zählen auch edle Idealisten in ihrer Mitte.

Die historisch mögliche, wahre, positive Freiheit und Gleichheit erkenne ich uneingeschränkt an. Sie gerade rechtfertigt an seinem Platz den Kapitalismus und begründet dessen Lichtseiten. Sie hat ebenso in aller Collectivwirthschaft und hätte in aller Collectivproduction, wenn diese je auf nicht demokratischer Weise im Laufe der Jahrhunderte und Jahrtausende sich ausbreiten sollte, zur uneingeschränkten Geltung zu kommen. Sie gilt für den Staat, wie für die Volkswirthschaft, für die „juristischen" wie für die physischen Personen. Man soll uns nicht nachsagen, daß wir irgendwo der Freiheit und Gleichheit untreu geworden sind, indem wir die extrem subjectivistischen Ausschreitungen des liberalen und des collectivistischen Individualismus von der Hand weisen. Selbst eine autoritäre Collectivproduction dürfte nicht unfrei und ungleichheitlich eingerichtet sein. Doch will ich von ihr fernerhin überhaupt schweigen; mehr als das Minimalgebiet, welches ich in meinem ersten Briefe ganz genau bezeichnet habe, kann in für mich absehbarer Zeit auch der autoritäre Collectivismus meines ungeheuchelten Dafürhaltens nicht erobern.

Eines glaube ich zum Schlusse nachdrücklich betonen zu sollen: neuer Most läßt sich nicht in alte Schläuche füllen. Formen sind nothwendig für jede positive Geschichtsepoche, aber für jede müssen sie passend und eigenthümlich sein. Die mittelalterliche Korporation z. B. ist es nicht, was die positiven Bedürfnisse der neuen Zeit befriedigen kann; von der Zunft werden Sie mich daher kaum reden hören. Die individuelle Freiheit hat jetzt einen viel größeren Spielraum fruchtbarer Bewährung, deßgleichen freie Gesellschaften, Genossenschaften und Vereine. Auch die nöthigen Zwangsgenossenschaften einer neuen Zeit dürfen das Individuum nicht in engen Verbänden mit seinem ganzen Leben aufsaugen wollen; nach Zwecken mannigfaltige und gegliederte, die freie Selbsterhaltung unterstützende Genossenschaften von nationaler Ausbreitung sind Bedürfniß der Zeit, wie ich dieß schon vor bald drei Jahrzehnten betont habe. Daneben haben Staat und Gemeinde eine ganz andere und mannigfaltigere Thätigkeit zu bewähren und das öffentliche Bildungswesen hat viel entfalteter einzugreifen. Auch in den Organisationsformen müssen wir den reactionären Positivismus bekämpfen. Dieser kann gegen den Kriticismus, den liberalen und den socialdemokratischen, nimmer aufkommen, er ist auch nichts nütze.

Ich hoffe, Sie davon überzeugt zu haben, daß der socialdemokratische Freiheits- und Gleichheits-Individualismus nur durchdacht zu werden braucht, um jedem nicht im Parteifanatismus befangenen Menschen als ein wüster Traum zu erscheinen, und die Gewißheit zu geben, daß für Jene, die ihn als schönen Traum gedankenlos träumen, der erste Verwirklichungsversuch ein Erwachen voll Enttäuschung, Anklage und Schrecken bringen müßte.

Und damit für heute genug!

Dritter Brief.

Stuttgart, 2. Januar 1885.

Sie schreiben, verehrter Freund, daß durch meinen zweiten Brief meine alte Schuld vom Jahre 1878 wirklich getilgt sei. So ist es nicht.

Alle Achtung vor der Dankbarkeit Ihres Gemüthes, aber mehr als die „kritische" Ergänzung der „Quintessenz" habe ich bis jetzt nicht geleistet. Ich würde es tief bedauern, wenn meine Bemühungen dazu beitragen würden, daß der rothe Schrecken bei den Konservativen verschwände, ehe man ihn „positiv" für immer gebannt hat.

Mit der wissenschaftlichen Kritik ist nur die dauernde Verwirklichung des socialdemokratischen Zukunftsstaates als völlig aussichtslos erwiesen, nicht aber der siegreiche Versuch desselben in großen Gewaltstreichen des Proletariates. Im Proletariat selbst wird die Kritik erst wirken, wenn dasselbe auch die „positive" Reform überschauen und sich erfüllen sehen wird. Bis dahin bleibt es bei der Thatsache der Socialdemokratie und bei der Umsturzgefahr, womit diese in jeder großen Krisis alles Bestehende bedrohen wird. Geben wir uns darüber gar keiner Täuschung hin!

Ich gehe daher mit ganzem Ernst heute an die „positive" Ergänzung der „Quintessenz", wie Sie dieß vor Einleitung des gegenwärtigen Briefwechsels selbst gewünscht haben.

Und hiebei wollen Sie keine Furcht hegen, daß mir etwa ein Rückfall in den „Polizeistaat" oder in die „Polizeiwissenschaft" der vorliberalen Periode begegnen werde. Die weiland Polizeiwissenschaft und Staatswirthschaftslehre hielten zwar das Panier einer activen Rolle des Staates auch der Volkswirthschaft gegenüber fest, im Wesen waren sie alter Fiskalismus und alte Reglementirung. Die Polizeiwissenschaft fand keinen einzigen großen Gedanken neuen positiven Aufbaues und ist für die heutige Socialpolitik nicht viel mehr als werthloses Makulatur. Eine Receptensammlung des ängstlichen Polizeiſtaates drückte ſie eher den Lohnarbeiter, ſtatt ihm dem Kapital gegenüber poſitiv eine beſſere Stellung zu geben. Mit ihr iſt der Socialdemokratie gegenüber gar Nichts auszurichten. Sie ruhe im Frieden!

Der erſte und oberſte Satz einer zeitgemäßen Socialreformpolitik iſt: der Staat treibe überhaupt poſitive Social- und Wirthſchaftspolitik! Mit dem ſtaatsſcheuen, wahrhaft nihiliſtiſchen Laissez faire, laissez aller der geſättigten Liberalen ſei und bleibe ebenſo gebrochen, wie mit dem demokratiſchen Collectivismus der Kommuniſten!

Soweit das den Bedingungen des Gemeinwohls unterſtellte kapitaliſtiſche Geſchäft aus beſonderen Gründen den Dienſt höchſter Productivität und leidlich guter Vertheilung der Güter — im untheilbaren Intereſſe der Volksgemeinſchaft und aller ihrer Glieder — nicht erfüllen kann, ſo weit aber nicht weiter ſchreite man unbedenklich auch zu poſitiver Staats-, Gemeinde-, Corporations- und GenoſſenſchaftsWirthſchaft. Selbſt thatſächlichen Produktionsmonopolen gegenüber, welche ausbeutend auftreten, hätten Staat und Gemeinde eher ſelbſt in Concurrenz zu treten, ehe ſie das Monopol auf ſich übernehmen. Oeffentliche Production nur im Nothfall! Die Bäume der ſtaatlichen und gemeindlichen Collectivproduction werden ſelbſt im Lauf der Jahrhunderte nicht in den Himmel wachſen; ich habe mich hierüber ſchon genugſam ausgeſprochen.

Im Uebrigen gebe man der kapitaliſtiſchen Productionsweiſe im allgemeinen und daher auch im Intereſſe des Proletariats die zeitgemäße Ordnung. Man reinige ſie von ihren Auswüchſen. Man ſetze der kapitaliſtiſchen Willkür und Ausbeutung die den Lohnarbeiter ſchützenden und verhältnißmäßig betheilenden Einrichtungen gegenüber.

Der Liberalismus und Kapitalismus ſollen gar nicht vernichtet, ſie ſollen nur wieder in den Dienſt der gemeinen Wohlfahrt zurückgeführt werden. Der kapitaliſtiſche Betrieb hat große, aber keine unheilbare Schäden; der Socialismus hat ſie aufgedeckt. Er hat aber auch ſtrahlendes Licht, welches ſelbſt mit den Scheffeln der ſocialdemokratiſchen Kritik nicht verdeckt werden kann.

„Das Kapital" nimmt dem Gemeinweſen die Organiſation und Leitung der Productionsanſtalten ab, verbürgt unter eigener und ausſchließender Verantwortlichkeit mit ſeiner ganzen materiellen Exiſtenz die Wirthſchaftlichkeit der Production und des Umlaufes der Güter; es ſinnt auf die möglichſt wohlfeile wie auf die höchſt gebrauchswerthe Güterhervorbringung; es klaſſirt die dienenden Arbeitskräfte, disciplinirt und controlirt sie; es trägt Verluste aus der Umbildung der Technik und aus den Preisstürzen ungünstiger Conjunctur; es bestreitet Löhne, Voranslagen, Steuern u. s. w. vorschußweise; es wickelt den ungeheuer verschlungenen Proceß der Erzeugung, Ortsveränderung, Veräußerung und Einkommenszutheilung der Güter in verhältnißmäßig einfacher, die anderen Socialfunctionen wenig störender Weise ab. Dafür bezieht es den Kapitalprofit, wenn es geschickt und glücklich im Dienste des Ganzen operirt. Mit vollem Recht. Dieser Profit ist im Allgemeinen eine ebenso wirksame als wohlverdiente Prämie der Wirthschaftlichkeit im Gebiete der Leitung des Erzeugungs= und des Austheilungsprocesses. Die entsetzlichsten Auswüchse schranken= und ordnungslosen, ungescheut egoistischen Waltens des Kapitals reichen entfernt nicht aus, seine Abschaffung zu begründen und es mit unausführbarer Productivdemokratie zu vertauschen. Sie begründen nur dieß, daß man den Gebrauch des Productionsmittelbesitzes ordne und den Kapitalismus mit der schon bestehenden Collectiv= und Gegenseitigkeitswirthschaft ins zeitgemäße Gleichgewicht setze.

Obenan steht nun die Frage: ist ein tieferer Eingriff in den privatrechtlichen Untergrund der kapitalistischen Gesellschaftsordnung erforderlich?

Die s.g. kapitalistische oder privatwirthschaftliche Organisation gesellschaftlicher Hervorbringung der Güter und der Zutheilung des Productenwerthes in Form von Gewinn, Lohn und Rente wird zwar auch durch Einrichtungen des öffentlichen Rechtes — in Volkswirthschaftspolizei und Volkswirthschaftspolitik — gesellschaftlich bestimmt. Die grundlegende Ordnung jedoch empfängt dieselbe Seitens der öffentlichen Gewalten durch die Privatrechtsgesetzgebung, durch die Civilgerichtsbarkeit und durch die Zwangsvollstreckung privatrechtlicher Ansprüche. Für das Schicksal der Arbeit und des Kapitals ist daher in erster Linie entscheidend die Art der Ausgestaltung der privatrechtlichen Institute des Besitzes und des Eigenthums, der Dienstmiethe, des Darlehens, des Tausches und Kaufes, der Schenkung, des Erbrechtes, ferner die Einrichtung der streitigen, der freiwilligen und der zwangsvollstreckenden Civilgerichtsbarkeit. Die positive Socialpolitik wird daher nicht vergessen dürfen, zu fragen, ob nicht auf diesem Boden, welchen der Socialismus ganz einbrechen will, hauptsächlich die Reform nöthig und die Fortbildung möglich sei.

Fortbildung ist nöthig. Doch wollen wir uns von Anfang auch nach dieser Seite gegen Einseitigkeiten sicher stellen, welche leicht als

Seitenstück zum extrem öffentlichrechtlichen Collectivismus einen extrem privatrechtlichen Socialismus civilgerichtlicher Art ergeben. Man muß auch den privatrechtlich-civilgerichtlichen Socialismus überwunden haben, bevor man mit klarem Bewußtsein den Mittelweg der positiven Socialreform finden und einhalten kann.

Die Einseitigkeit der „rein privatrechtlichen Lösung" kann sich gedanklich (logisch) in zwei Richtungen bewegen und hat sich auch thatsächlich darin schon bewegt. Man kann durch Maßregeln der Privatrechtsgesetzgebung einerseits den jetzigen Lohnarbeiter zum profitberechtigten Gesellschafter der Productionsgemeinschaft emporheben, andererseits in den Kredit-, Leih- und Pachtverhältnissen die Lage aller productiven Arbeits- und Kapitalverwendung — also sowohl des Unternehmers als seines Arbeiters — gegenüber dem bloßen Besitzer und Rentner allgemein verbessern wollen. Das Eine ist bisher erstrebt worden theils von Jenen, welche das Societätsverhältniß der s.g. Productivgenossenschaft zur allgemeinen Geschäftsform zu machen trachteten, wie F. Lassalle, theils von Denjenigen, welche an Stelle des jetzigen Lohnvertrags (locatio conductio operarum) als das allgemeine Privatrechtsverhältniß zwischen Arbeit und Kapital eine Gesellschaft mit Reinertragsantheil auch der Arbeit, d. h. die allgemeine „industrielle Partnerschaft", erstreben. Das Andere ist das Uebergangs- und Ablösungsmittel des monarchischen Collectivisten Robbertus, dessen hinterlassenes Socialreformprojekt leider auch heute noch nicht einmal in vollständigem Umriße bekannt ist. Beide Lösungen sind, wie ich Ihnen zuerst darzuthun habe, an sich bedenklich und keinesfalls Universalmittel. Beide schlagen auf der Spitze in einen höchst bedenklichen Socialismus privatrechtlich-civilgerichtlicher Art um, und berühren sich mit dem öffentlichrechtlichen Socialismus der socialdemokratischen Collectivproduction, was die Stärke des staatlichen Eingreifens betrifft, ohne ebenso folgerichtig zu sein. Beide verkennen, daß nicht blos der Dienstmieth- und Leih-Verkehr, sondern aller Privatrechtsverkehr unter Lebenden und von Todes wegen mit ins Spiel kommt. Beide verkennen die Bedeutung des öffentlichen Rechts, welches in allen Zweigen — als Vereinsrecht, als Zwangsgenossenschafts(Gegenseitigkeits)-Recht, als Korporationsrecht, als Gemeinderecht, als Staatsrecht und als Völkerrecht — mitwirken muß, dem freien und gleichberechtigten Gebrauch des Privatrechtes zum Guten die Gasse frei zu machen und dem Mißbrauch desselben die nöthigen Schranken entgegenzusetzen. Beide beachten zu wenig, daß auch die civilgerichtliche Regulirung des Arbeitseinkommens dem Kapitaleinkommen gegenüber nicht so weit gehen darf, das im Interesse der Gemeinschaft erforderliche Maß individueller Freiheit, Unabhängigkeit, Handlungsfähigkeit und Verantwortlichkeit des Unternehmers zu gefährden. Beide vernachläßigen die Mitwirkung der nichtrechtlichen und nichtstaatlichen Factoren. Beide gehen am Ende, wo sie in extremen Privatrechts-Socialismus umschlagen, mit einem großen Polizei- und Schätzungsapparat weit über das hinaus, was die positive Socialreform an Ordnungs- und Hemmungseingriffen der Gemeinschaft in das Spiel der individuellen Bestrebungen irgend benöthigt. Gestatten Sie mir, in erster Linie dieß nachzuweisen. Die volle Klarheit hierüber wird Ihnen viel Zeit und verwirrende Lectüre ersparen. Ich werde die fraglichen hochachtbaren Bestrebungen nicht verklagen. Sie mußten kommen; nachdem der demokratische Collectivismus den Sprung in die rein öffentlichrechtliche Organisation der Volkswirthschaft gemacht hatte, war es zu erwarten, daß den Rückschlag hiegegen ein Sprung in die „rein privatrechtliche Lösung der socialen Frage" bilden werde.

Das geschah zunächst bezüglich des Verhältnisses zwischen Lohnarbeit und Unternehmungskapital („Kapital"). Ist es das eigenthümliche aber unausführbare Bestreben des Collectivismus, das Kapital und die Ungleichmäßigkeit der Naturfactoren für das Problem einer gerechten Einkommensordnung rein öffentlichrechtlich (verstaatlichend) bei Seite zu schaffen und die Kapitalisten in Arbeiter zu verwandeln, so ist der gegentheilige Versuch denkbar, auf „rein privatrechtlichem" Wege entweder Kapital und Lohnarbeit zu verschmelzen oder die Lohnarbeit als „Arbeitskapital" neben das „Sachkapital" anscheinend gleichberechtigt hinzustellen, um so die Heilung der Schäden kapitalistischer Production ohne Aufhebung der letzteren zu bewirken. Beide Vorschläge sind bereits aufgetaucht: als Forderung der Aufhebung des Lohnverhältnisses und allgemeiner Herstellung der Productionsgemeinschafts-Gesellschaft der Arbeiter (Productivgenossenschaft), sodann und neuestens als Forderung allgemeiner Ersetzung des Lohndienstes (locatio conductio operarum) durch das Gesellschaftsverhältniß der Gewinnbetheiligung zwischen Kapital und Arbeit. Beide Vorschläge haben das Gemeinsame, Reformen des Gesellschafts-Privatrechtes unter Aufhebung des Dienstmieth-Privatrechtes darzustellen.

Die Productivgenossenschaft wäre das Gesellschaftsverhältniß, in welcher die Arbeiter zugleich das Kapital aufbringen, so daß es nur untheilbare Kapitalisten-Arbeiter oder Arbeiter-Kapitalisten giebt, welche den Reinertrag nach Verhältniß der Kapital- und der Arbeitsbeiträge des Einzelnen theilen. In dem anderen Vorschlag behält der Kapitalist die Leitung und das Risiko des nur von ihm zu beschaffenden Kapitals, er hat aber den Arbeitsgesellschaftern bestimmte civilrechtlich klagbare Societätsleistungen zu gewähren.

Die Productivgenossenschaft ist eine ganz vortreffliche Sache, wenn sie neben den bisherigen Arten der Erwerbssocietät — der offenen, stillen, actienmäßigen Erwerbsgesellschaft — frei zur Ausbreitung kommt. Die Thatsache dieser Ausbreitung wäre der vollständige Beweis, daß das Volk die Vortheile der kapitalistischen Organisation nicht einbüßt, indem die Kapitalisten-Arbeiter zugleich am Arbeitserfolg interessirte Unternehmer werden. Allein die Productivgenossenschaft hat sich bis jetzt nur wenig ausgebreitet und kann wohl nie von selbst die allgemeine privatwirthschaftliche Geschäftsform werden.

Aus naheliegenden Gründen! Einmal bleibt eine Mannigfaltigkeit privatwirthschaftlicher Geschäftsformen Bedürfniß. Sodann ist das Kapital für die Productionsgenossenschafts-Arbeiter allgemein erst zu gewinnen und im Lande zu halten; auch mit „Staatskredit" wäre dieß noch nicht gesichert. Drittens ist es sehr schwer, die mehrleistenden Genossen verhältnißmäßig zu betheilen und dem Geschäft zu erhalten; nur die geringen Mitarbeiter erhalten ein höheres Interesse, die besseren, welche den Kopf zu bilden hätten, werden eher gedrückt und interesseloser. Viertens beweist schon die erste Erfahrung, daß über das Verhältniß, in welchem die Arbeitseinlagen und die Kapitaleinlagen am Reinertrag betheiligt werden, leicht Streit entsteht. Fünftens wird nicht bloß gegen Erwerbsstockung Sicherheit nicht gewonnen, vielmehr würde jene höchst werthvolle Sicherheit des Lohnverhältnisses, ein völlig rissicofreies fixes Arbeitseinkommen jedenfalls zu beziehen, selbst für die beschäftigte Zeit verloren gehen. Davon zu schweigen, daß die „Ausbeutung" der Arbeit durch die Arbeit wie durch das Kapital weder nach innen noch von außen her ausgeschlossen wäre; im Verkehr mit anderen Geschäften — selbst wenn es nur Productivgenossenschaften wären — kann Einbuße und Verkürzung stattfinden, deßgleichen innerhalb der Genossenschaften eine Ausbeutung der besseren durch die geringeren Arbeiter, des Arbeitsantheils am Gewinn durch den Kapitalantheil am Gewinn und umgekehrt.

So lag es nahe, die Productivgenossenschaft zwangsweise oder doch mit „Staatshülfe" zu verallgemeinern (Lassalle). Der Staat soll das „Kapital" hergeben. Die Universalmedizin wird aber nur noch schlechter, indem man durch diesen Umschlag in das Gebiet des öffentlichen Rechtes sich selbst auf den Mund schlägt. Kann der Staat stets soviel Kapital beschaffen? Nein. Könnte er es, so müßte er auch in alle Geschäftsleitung bestimmend eingreifen. Die privatwirthschaftliche Grundlage gienge abermals im öffentlichen Betriebe unter; der Herznerv der kapitalistischen Production wäre durchschnitten; die Sicherheit der Productionsleitung, die Freiheit der Arbeits= und Dienstwahl, alle Gewinnung und Erhaltung der besseren Arbeiter durch gerechte Lohnabstufung, die Sicherstellung eines fixen Minimallohns wären noch viel umfassender in Frage gestellt. Dabei wäre immer noch nicht ausgeschlossen, daß das Arbeits=Einkommen kleiner würde als im Lohnverhältniß; im Verkehr unter einander, mit den Besitzern von Rentenquellen und mit den Käufern könnte immer nach der „Aus= beutung" die Fülle Platz greifen. Auch bei Privatrechtszwang zur ausschließenden productivgenossenschaftlichen Geschäftsform ist es daher mit der „rein privatrechtlichen Lösung" — durch Verschmelzung von „Sach"= und von „Arbeitskapital" — offenbar Nichts, rein gar Nichts.

Möchte aber freiwillig oder zwangsweise die Productivgenossen= schaft der Arbeiter noch so weit sich ausbreiten, so wäre nicht blos das Societäts=Privatrecht, sondern alles andere Privatrecht der Mo= difikation und Weiterbildung bedürftig. Und alles Privatrecht zusammen hätte die öffentlichrechtliche Förderung des rechten und ebensolche Be= schränkung des schlechten Gebrauches besonders nöthig. Die öffent= lichrechtliche Genossenschaft, die Wirthschaftspolizei, die Volkswirth= schaftspolitik müßten erst recht zur Entwicklung gelangen. Die rein privatrechtliche Lösung durch die Productivgenossenschaft steht bedenklich weit hinter dem demokratischen Collectivismus zurück. Selbst Lassalle hat nur ein Stück zu fordern gewagt; er hätte, wie der nach seinem Tode veröffentlichte Briefwechsel mit Rodbertus beweist, gerne den Collectivismus des letzteren dafür eingetauscht. Gerade die Einsicht in die Leistungsunfähigkeit der productivgenossenschaftlichen Lassalle'= schen Panacee hat dem socialdemokratischen Collectivismus den Glauben des Proletariates verschafft und bis jetzt erhalten.

Derselbe Grundgedanke, im Gesellschaftsprivatrecht zu helfen, ist in einer zweiten Art von Formulirungen aufgetreten. Nicht die un= theilbare gesellschaftliche Verschmelzung des Kapitalisten und Lohnar= beiters zum Productionsgenossenschafter, sondern die Nebeneinander= stellung beider in einem Gesellschaftsverhältniß wird empfohlen. Man will hiebei dem Kapitalisten die leitende Stellung und die unbeschränkte Verlustgefahr belassen, aber den Arbeiter in ein privatrechtlich bin=

deudes und klagbares Gesellschaftsverhältniß zum Unternehmer bringen, welches Ersterem persönlichen Schutz und Antheil am Gewinn gewährt. Im Ganzen läuft die Sache auf die privatrechtlich zwangsweise Verallgemeinerung der bekannten „industriellen Partnerschaft" hinaus. Das Mittel dazu ist irgend ein willkürlicher Anschlag der Arbeitskraft zu Kapitalwerth („Arbeitskapital"), mit welchem das „Sachkapital" (Kapital) künftig in den Reinertrag der Productionsgemeinschaft sich theilen soll; es wird wohl auch die allgemeine Sicherstellung eines dem nothwendigen Unterhaltsbedarf entsprechenden Arbeits-Minimaleinkommens („Minimallohnes") erstrebt. Diese Lösung giebt sich in neuester Zeit besonders gerne als das hauptsächliche, gar als das ausschließende „rein privatrechtliche" Recept der Lösung der „socialen Frage" aus. Darüber ist man allseitig einverstanden, daß die industrielle Partnerschaft als frei wählbares Gesellschaftsverhältniß sehr erwünscht ist, auf freie Verallgemeinerung aber ebenso wenig Aussicht hat, wie die Productionsgenossenschaft.

Nicht schwer fällt es, nachzuweisen, daß auch diese „rein privatrechtliche" Lösung konsequent gedacht und durchgeführt die kapitalistische Organisation der Volkswirthschaft und deren Leistungsfähigkeit mittelbar kaum weniger gefährden würde, als der Collectivismus, ohne ebenso folgerichtig zu sein. Ist es vergebliche Mühe, das Kapital als „geronnene Arbeit" collectivistisch auf Arbeit zurückzuführen, so ist es nicht minder vergebliche Mühe, die Arbeit auf Kapital zurückzuführen. Nicht blos als Besitzer, sondern auch als Arbeiter ist der Gesellschafter-Kapitalist ein Anderer, als der Gesellschafter-Arbeiter, er ist durch Besitz ausschließlich verantwortlicher Productionsbefehlshaber der Arbeit. An diesem Grundunterschied kann nicht gerüttelt werden, ohne die kapitalistische Productionsleitung in ihrer Leistungsfähigkeit ins Herz zu treffen. Es ist der Mühe werth, sich dieß vollständig klar zu machen.

Was will man denn mit der Umwandlung des Lohnarbeiters in einen eigenberechtigten Gesellschafter des Unternehmers handgreiflich erreichen? Dreierlei, wenn man die Sache vollständig ausdenkt: erstens will man die persönliche Sicherstellung gegen Mißhandlung, Zeitdiebstahl, Ueberarbeitung, unbegründete Entlassung u. dergl.; sodann die Verhinderung des Heruntergehens des Arbeitseinkommens unter den Nothbedarf; drittens irgend welchen Antheil der Arbeit am Unternehmergewinn. Das Erste will erreicht werden durch privatrechtlich allgemeine Maximal-Arbeitszeit, durch Fixirung der zulässigen Gründe der Entlassung, durch Anspruch des Gesellschafter-Arbeiters auf eine

Minimalfrist der Beschäftigung; das Zweite durch die Pflicht des Unternehmers, dem Arbeiter wenigstens den Unterhalt fest vorzuschießen; das Dritte durch Gewinnantheil des Arbeiter-Gesellschafters am Reinertrag nach irgendwelchem und nach irgendwie festzustellendem Betheiligungsquotienten. Wie verschieden die dießfälligen Vorschläge sonst sind, so haben sie, wenn sie vollständig sein wollen, nothwendig diesen dreifachen positiven Inhalt. Andererseits stimmen sie negativ alle darin überein, daß wenig geholfen wäre, wenn der Kapitalist unbeschränkte Freiheit in Abschluß und Vereinbarung der Bedingungen des Gesellschaftsvertrages behalten oder wenn er statt eines Gesellschafts- einen Dienstvertrag nach freier Wahl schließen könnte. Es sind positive Rechte des Arbeiters aus dem Gesellschaftsverhältniß für die persönliche Behandlung, für den Antheil am Gewinn, auch für den Vorschuß der nothwendigen Unterhaltskosten, welche allgemein klagbar gemacht werden müßten; anderen Falles bliebe Alles beim Alten, die Möglichkeit des Löwenvertrags wäre wieder da, wie er auch getauft werde, und der Lohnarbeiter erhielte so viel weniger „Lohn" (Vorschuß) als er „Reinertrags"-Antheil gewänne.

Wie denken sich nun die Vertreter der fraglichen Privatrechtsreform die praktische Ausführung? Sehr verschieden, oder denken sie darüber gar nicht oder noch ganz unbestimmt und unklar. Suchen wir daher — nach unserer Methode der denkbar besten Auslegung! — einen möglichst praktischen Vorschlag zu gewinnen.

Das wäre vielleicht der folgende.

Der nothwendige Unterhalt wird periodisch durch besondere volkswirthschaftliche Taxorgane in Tarifklassen, beruflich und örtlich, normirt; wenn diese Normirung erst im Streitfall vom Civilrichter auf Gutachten der „Sachverständigen" hin vorgenommen würde, so ergäbe sich eine für das kapitalistische Produciren unleidliche Proceßkrämerei, „sachverständige" Schätzungswillkür, Gefährdung der kapitalistischen Energie durch Unsicherheit, Unberechenbarkeit, Indiscretion und Disciplinlosigkeit.

Wie aber sollen die Taxorgane bestellt werden? staatlich, kommunal, zwangsgenossenschaftlich? Wir finden darüber keinen klaren Gedanken. Nehmen wir als die wahrscheinlich beste Lösung an: Vereinbarung innerhalb der Berufsgenossenschaften zwischen gleich viel Vertretern beider Arten von Gesellschaftern und für den Fall mißlingender Verständigung Entscheidung durch ein Schiedsgericht, welches von den Centralorganen der nationalen Berufsgenossenschaftsverbände, von den Staats- und Gemeindebehörden gemeinschaftlich auf möglichst unparteiische, unabhängige und einfache Weise bestellt wäre. Nach den von diesen Organen periodisch normirten Vorschuß=Minimalbeträgen und Gewinnantheils=Quotienten hätte der Civilrichter oder ein besonderes Fachgericht im Streitfall zu entscheiden, ohne daß im Gesellschaftsvertrag eine freie Vereinbarung über höhere Sätze ausgeschlossen wäre.

Wie wäre dann aber der nothwendige Unterhalt zu normiren? Offenbar in Klassensätzen nur nach dem wirklich nothwendigen Bedarf einschließlich desjenigen für Steuern, für Prämien der Zwangsver=sicherung u. s. w.; denn darüber hinaus ergäbe sich Streit ohne Ende. Ein Klassentarif, in welchen jeder einzelne Gesellschaftsvertrag jeden Arbeiter einreihen müßte, wäre nicht ausgeschlossen.

Schon hier wäre die gerechte Normirung ganz offenbar weder eine einfache, noch eine leichte Sache. Doch sei darüber hinweggesehen.

Viel schwieriger wäre die Ermittelung des Gewinnbetrages und Quotienten der Gewinnbetheiligung.

In Abzug kämen vom Producterlös vorab die sämmtlichen Pro=ductions=Nebenauslagen, einschließlich der Amortisation des stehenden Kapitals, dann der verarbeitete und verloren gehende Materialwerth, endlich noch die Summe der Vorschüsse an die Arbeiter. Die Zinsen an Dritte hätte wohl das Gesellschaftskapital zu tragen? Der ver=bleibende Reinertrag wäre Gegenstand der Theilung.

Nach welchem Maßstabe hätte diese Theilung stattzufinden? Die Vorschläge ziehen als Maßstäbe die wirklichen und die „landläufigen" Zins= und Rentensätze, sowie die in den Verträgen mit der Gesell=schaft festgestellten „Löhne" herbei. Wir wollen dieß vermeiden. Denn dabei könnte das „Sachkapital" den „Unterdrückungskampf" gegen das „Arbeitskapital" und gegen anderes Sachkapital — auf dem Boden der Preiskämpfe um „Zins", „Pachtrenten" und „Lohn" (Vorschuß) — mit ziemlicher Willkühr fortsetzen; der stets wiederkehrende Rath dieser und anderer Vorschläge, das Lohnverhältniß sich an seinem eigenen Schopfe aus dem jetzigen Sumpfe ziehen zu lassen, erinnert zu sehr an Münchhausen. Nehmen wir also lieber an: der berech=nete mittlere Erziehungs=Kostensatz oder Arbeiterkostenwerth — in Abstufungen der Arbeitskräfte nach Alter, Geschlecht, Geschick — werde als die eine Grundlage der Vertheilung angenommen. Nach Ver=hältniß des so ermittelten Arbeitskapital=Gesammtwerths (Arbeiter=kostenwerthes) zum „Werth des Sachkapitals", welches periodisch dann auch noch taxirt werden müßte, käme der Reinertrag zur Theilung zwischen Kapital und Arbeit der Gesellschaft.

Und wie weiter unter den Arbeitern selbst? Etwa nach Verhältniß ihres „Lohnes"? Da es sehr „unfrei" und willkürlich wirken könnte, wenn der Unternehmer ohne Befragen der Gesammtarbeiterschaft den Lohnvorschuß normiren würde, die Befragung aber der kapitalistischen Leitung das Rückgrat brechen würde, so nehmen wir lieber an: nach Verhältniß der Einreihung jeder Arbeitskraft in die Sätze des Erziehungskosten-Tarifes.

Das ungefähr wäre bei praktisch bestmöglicher Auslegung der Sinn der sich mehrenden Vorschläge „rein privatrechtlicher Lösung."

Ihr Scharfsinn, verehrter Freund, erkennt ohne Weiteres, was an diesem Vorschlag wahr und was daran verfehlt ist.

Die persönliche Sicherstellung des Arbeiters als eines menschlichen Wesens gegen Mißhandlung, Ueberarbeitung, unbegründete Entlassung ist ein ganz berechtigtes Streben; thue auch das Privatrecht hierin, was es nach seiner eigenthümlichen juristischen Technik thun kann, und argumentire es dabei immerhin aus dem Gesichtspunkt, daß der Arbeiter nicht als die Waare und die Maschine anzusehen sei, welche im Dienstvertrag sich selbst veräußert, sondern als eine menschlich vollwerthe Person, welche mit dem Kapitalisten einen Vertrag auf Productionsgemeinschaft eingeht. Nur ist nicht abzusehen, weßhalb nicht auch das öffentliche Recht darauf angelegt werden sollte, daß die Arbeiter als Vereine (Coalitionen) und als Zwangsgenossenschaften, daß die Gemeinde und der Staat durch die Polizei mithelfen sollten, den Schutz zu verwirklichen. Wenn durch Civilklage allein erreicht werden soll, was mit der hinzukommenden Hülfe des Vereins- und des Genossenschaftswesens, der Gemeinde- und der Staatspolizei erreicht werden kann, so werden sehr schwer zu formulirende Privatrechtsbestimmungen nothwendig werden, welche in der Ausführung die volkswirthschaftlich nothwendige Geschäftslust, Autorität und Sicherheit des Unternehmers (Kapitals) schwer gefährden könnten. Die Beschränkung der Entlaßbarkeit hat Bedenken; die allgemeine Klagbarkeit einer minimalen (quartalen) Dienstfrist wäre eine Belastung des Unternehmers, welche überall da, wo er selbst durch die Conjunctur plötzlich zur Einstellung gezwungen werden kann, sich schwer rechtfertigen läßt; im Gesindeverhältniß geht dieselbe an, in der Fabrikation und in der Saisonarbeit nicht; ich werde zeigen, daß der Zweck im öffentlichen Genossenschaftsrecht besser erreicht werden kann. Die Erfahrung, welche man mit der „rein privatrechtlichen" Lösung in den dem englischen Recht abgesehenen Haftpflichtgesetzen gemacht hat, sollte eine starke Warnung sein; die privatrechtliche Vermuthung für die Unfallverantwortlichkeit des Unternehmers — die Haftpflicht — war ein Unrecht gegen den schuldlosen Unternehmer; für den verunglückten Arbeiter war die volle Entschädigung dem Unternehmer und den Privatversicherern civilrechtlich schwer abzustreiten; das Ende war der Ersatz der privatrechtlichen durch die öffentlichrechtliche Entschädigung, die Umlegung eines Rificos des Productionszweiges auf den ganzen Productionszweig im Wege der Zwangsgenossenschaft des öffentlichen Rechtes.

Sehen wir uns den zweiten positiven Anspruch an, welcher für den Gesellschafter-Arbeiter allgemein klagbar gemacht werden müßte, den festen (unkürzbaren) Vorschuß des nothwendigen Unterhaltes („Lohn").

Ich sage: müßte! Macht man einen solchen nicht klagbar, so wird die jetzige Lage des Arbeiters nicht blos nicht besser und sicherer, sondern unter Umständen viel schlimmer. Der Lohncontract sichert wenigstens den Lohn; kann der Arbeitgeber im Productwerth seinen Lohnvorschuß nicht hereinbringen, so hat nur er den Schaden. In einer Kapital-Arbeit-Gesellschaft dagegen kann, wenn privatrechtlich nicht dagegen vorgesorgt wird, der Lohnvorschuß sammt Gewinnantheil noch unter das angeblich „eherne" Gesetz des Hungerlohnminimums herabgehen, da der Arbeiter den Verlust mitträgt. Die Ersetzung der Dienstmiethe durch die Societät wäre also keine Verbesserung, sondern eine Verschlechterung der Lage der Arbeit, wenn nicht mindestens der Vorschuß des nothwendigen Unterhaltes klagbar gemacht werden wollte.

Ich will nun nicht in Abrede ziehen, daß ein beruflich-örtlicher Tarif des Nothbedarfes periodisch sich feststellen ließe; allein eine „ordentlich" civilgerichtliche Operation wäre das nicht, selbst wenn der Gerichts-Sachverständige Alles dabei zu besorgen hätte; zweckmäßig könnte die Tarifirung sicher nur im öffentlich-rechtlichen Zusammenwirken der Berufsgenossenschaften, der Gemeinde- und der Staatsbehörden besorgt werden.

Vor Allem vergesse man die Gefahren für die kapitalistische Productionsleitung nicht. Jeder örtliche Tarifmißgriff vertreibt oder attrahirt in schädlicher Weise Kapital und Arbeit, bringt also unbeherrschbare Unsicherheit. Kein Arbeiter, welcher weniger leistet als er braucht, kann angestellt werden; die Production muß früher eingestellt werden, und wo sonst noch theilweiser Erwerb möglich wäre, hört jeder Erwerb auf. Besten Falles kann nur das Existenzminimum für die beschäftigte Zeit gesichert werden und zwar nur das allernothdürftigste. So beschränkt fordert der Vorschlag die Frage heraus, ob er seine Gefahren werth ist! Ohne diese Frage unbedingt zu verneinen, glaube ich sagen zu dürfen, daß die Privatrechtsgesetzgebung sich lange besinnen wird, ehe sie dieses Notheinkommen einer „Kapital=Arbeit=Gesellschaft" allgemein an Stelle des fixen Lohnes der Dienstmiethe setzen wird, um so mehr, als der Lohn keineswegs allgemein (s. oben S. 32 f.) mit dem Nothbedarf zusammenfällt. Ich werde nachweisen, daß der Zweck durch öffentlichrechtliche Beeinflußung der Lohnbildung weit ausgiebiger und gefahrloser erreicht werden kann, ohne einen Taxapparat zu benöthigen.

Der dritte positive und praktische Vortheil, welchen die geforderte Privatrechtsreform für den Arbeiter bringen soll, wäre die allgemeine Gewinnbetheiligung. Dieselbe ist zwar sehr verführerisch, aber wenn überhaupt, doch jetzt und ohne gleichzeitige Einführung öffentlich=rechtlicher Organe nicht ausführbar.

Die Klassification des im Arbeiter steckenden „Arbeitskapitalwerthes" und die Festsetzung aller „Sachkapital"=Werthe würde, wenn man den sicheren Gang der Unternehmerthätigkeit nicht der Willkür des Gerichts=Sachverständigen preisgeben will, periodische Normirungen bedingen, welche ohne die Mitwirkung taxationsfähiger Organe des öffentlichen Rechtes nicht möglich sind; zu schweigen davon, daß die Einführung einen hohen Socialschutzoll dem Auslande gegenüber, also öffentlich=rechtliche Beihülfe benöthigen würde.

Man giebt sich überdieß einer ungeheuren Täuschung hin, wenn man glaubt, daß das Arbeitseinkommen volkswirthschaftlich gut regulirt wäre, wenn ein Minimum von Gewinnantheil den Gesellschafter=Arbeitern zufiele. Die kapitalistische Production verlangt unbedingt eine ausschließend von der Productionsleitung bestimmte Vergeltung der Arbeitsleistungen nach Verhältniß des Productionswerthes der letzteren. Entweder gestattet man diese dem Unternehmer, so hat dieß die Wirkung der Unzufriedenheit der Mehrzahl der Arbeiter, welche keine oder keine hohen Extrazuschläge beziehen, oder man nöthigt ihn, vor Aufnahme jedes Arbeiters die Arbeiterschaft zu befragen, so erhalten gerade die guten Arbeiter den verdienten Gewinnantheil nicht. Im Ganzen kann selbst für den Arbeiterstand, nicht blos für das oberste gesellschaftliche Interesse wirthschaftlichster Durchführung des socialen Productionsprocesses, die „rein privatrechtliche" Lösung, welche überdieß mit dem komplicirtesten Taxapparat operiren müßte, einen erheblichen Rückschritt bedeuten. Die fixe Entlohnung aus der Dienstmiethe sichert dem Einzelnen und der Gesammtheit gewiß weit größeren Vortheil als die privatrechtlich allgemeine Sicherstellung einer Minimaltantième, solange zu dieser nicht eine der kapitalistischen Klas=

sirung der Arbeitskräfte überlegene Prämiirung der besseren Arbeits=
kräfte gefunden und hinzugefügt werden kann. Ich werde versuchen, zu
bescheinigen, daß die öffentlichrechtliche Einwirkung auf das Lohnver=
hältniß durch einfache Mittel wesentlich mehr leisten kann.

Zu alledem kommen einige allgemeine Bedenken gegen die allge=
meine Partnerschaft. Das Geschäftsgeheimniß müßte in einer für
kapitalistische Concurrenzproduction wohl ganz unleidlichen Weise —
der Tantièmenabrechnung wegen — angetastet werden. Die Unter=
nehmungslust würde jedenfalls nicht gesteigert, die Disciplin nicht ge=
fördert. Dem Anspruch auf Antheil am Gewinn würde der Anspruch
auf den Antheil an der Leitung von einer demokratischen Lohnarbeiter=
schaft bald hinzugefügt werden wollen; die Socialdemokratie vermißt
bei dem Vorschlag — von sich aus mit Recht — die Freiheit und
Gleichheit.

Hienach wird es wohl bei dem Fortbestand des Dienstmiethver=
trages neben der neuen Erwerbsgesellschaftsform der Productioge=
nossenschaft und der Partnerschaft sein Bewenden behalten müssen.
Nicht in der Aufhebung der Dienstmiethe, sondern in der Ausbil=
dung des Genossenschaftsprivatrechtes auch — zu Gunsten der Pro=
ductivgenossenschaft und der Partnerschaft, namentlich aber in der
Ausbildung desselben für andere Genossenschaftszwecke als die der
Productionsgemeinschaft — für Kredit=, Waarenanschaffungs=, Absatz=
Genossenschaften, ferner in der Ausbildung des öffentlichen Genossen=
schaftsrechtes für gegenseitige Versicherung gegen Unglück und Erwerb=
losigkeit liegt eine Hauptaufgabe der positiven Socialreform. Und hier
ist weder die Privat=, noch die öffentlichrechtliche Genossenschaftsgesetz=
gebung der Zeit hinter ihrer Aufgabe ganz zurückgeblieben. Auf
diesem Wege liegt — als Gelegenheit zur Leitung der Genossen=
schaften — auch das Gebiet höchster Befriedigung des Ehrgeizes der
hervorragenden Lohnarbeiter; die Sicherheit und Unabhängigkeit ka=
pitalistischer Productionsleitung selbst kann der Befriedigung dieses Ehr=
geizes nicht geopfert werden, ohne das gewaltige gesellschaftliche In=
teresse preiszugeben, welches an den kapitalistischen Productions= und
Einkommensproceß geknüpft ist.

Eine zweite absolute Lösung „privatrechtlicher" Art könnte sich
weiter gegen den durch Darlehen, Miethe und Pacht vermittelten
Rentenbezug richten; denn nicht blos der unternehmende, sondern auch
der ausleihende, vermiethende und verpachtende Besitzer von Productions=
mitteln kann vom Arbeitsertrag aneignen, und zwar vom Arbeitsertrag

nicht blos der Lohnarbeit, sondern auch der verschuldeten bäuerlichen und gewerblichen Unternehmerarbeit.

Diese gedanklich mögliche Bestrebung könnte, wenn man für die Zukunft die Collectivproduction will, privatrechtlich durch Ablösung oder durch Fixirung der Bezüge der jetzigen Renteninhaber erreicht werden wollen, so daß wenigstens in Zukunft bei weiterem Steigen der Productivität der Nationalarbeit der steigende Ertragswerth nur der productiven Arbeit oder doch verhältnißmäßig auch dieser zukäme. Dieß ist allem Anschein nach das Schwarze in der Scheibe, auf welches die Einführungs- und Uebergangspolitik des Socialismus von Rodbertus zielt. Leider sind die positiven Vorschläge dieses hochachtbaren Charakters und bedeutenden Denkers noch nicht ganz veröffentlicht. So weit es der Fall ist, kann man vermuthen, daß Rodbertus, welchen Lassalle für die Socialdemokratie werben wollte, nicht etwa eine demokratische, sondern eine monarchisch-autoritäre Collectivproduction mit (ewigen?) Rentenleistungen an die abzulösenden jetzigen Besitzer der Quellen des Kapitalprofites und der Zins- und Grundrente plante, und zwar eine Collectivproduction mit Gewinntheilung nach Socialarbeitszeitantheilen, ermittelt und controlirt nach „Normalwerkzeit" und „Normalwerkleistung".

Die Ablösung der jetzigen Besitzer der Productionsmittel ist bei Rodbertus anscheinend nur das Mittel für den Uebergang zu einem eminent collectivistischen Productions- und Austheilungssystem. Gegen die Basirung des letzteren auf die Socialarbeitszeit-Werththeorie gälte jedoch alles Dasjenige, was dießfalls gegen dieselbe Werththeorie der Socialdemokraten zu bemerken war (S. 27 f.). Die Mittel, eine monarchische Leitung der Collectivproduction gegen die Demokratie zu behaupten, sind nicht — wenigstens bis jetzt nicht angegeben. Ebensowenig sind die Gewähren allgemeinster individueller Wirthschaftlichkeit im Dienste der Gemeinschaft berücksichtigt, ohne welche jede Collectivproduction die sichere Verarmung bedeutet. Von den Erwägungen Rodbertus' über die außerwirthschaftlichen Vorfragen der Möglichkeit der Collectivproduction (S. 37 f.) ist bis jetzt Nichts bekannt geworden. Man begreift bezüglich der geforderten Rentenfixirung selbst gar nicht, weßhalb die jetzigen Rentenbezüge für immer stehen bleiben müssen, warum sie nicht unter Umständen kleiner werden und ganz aufhören sollten oder im Interesse nichtwirthschaftlicher Socialfunctionen auch wieder größer werden dürften. Ich hoffe, zeigen zu können, daß die verhältnißmäßige Betheiligung Aller — der Producenten und der social sonst verdienstlichen Nichtproducenten — am

Besitz und am Ertrag der Rentenquellen, nicht aber die Fixirung der Renten im jetzigen Betrag auf die jetzigen Besitzerfamilien, das von jeder Zeit für ihre Bedürfnisse zu erreichende Ziel ist und daß dieses Ziel durch öffentlichrechtliche, namentlich genossenschaftliche Ordnung des Gebrauches der für die Ertragstheilung entscheidenden privatrechtlichen Institute so weit als möglich auch erreicht werden kann.

Ein z. Th. richtiger Grundgedanke von Rodbertus, verhältnißmäßiger und mit der Arbeitsproductivität steigender Antheil der productiven Arbeiter am Ertrag, ist auf demselben Wege ausführbar. Wenn ich den letztern Gedanken anerkannte und öfter citirte, so bin ich noch lange kein Collectivist. Ich habe das Verlangen der „Collectivproduction" gedanklich in seine letzten Konsequenzen selbstständig verfolgt, aber von Rodbertus nicht einen einzigen collectivistischen Gedanken in meiner hypothetischen Erörterung einer wirthschaftlich denkbaren autoritären Collectivproduction bezogen; ich lehne alle gegentheiligen Unterstellungen bestimmt ab. Ich habe hypothetisch den allmäligen und theilweisen Eintritt einer Collectivproduction — unter Geltung des socialen Gebrauchswerthes, unter den Voraussetzungen sicherer Regierung und Oberleitung, unter Voraussetzung höchster und allgemeinster Anreizung der individuellen Wirthschaftlichkeit — ins Auge gefaßt, um nach der Methode der denkbar besten Verwirklichung des Projektes dem Socialismus gegenüber Posto zu fassen.

Der privatrechtlich-civilgerichtliche Eingriff in die Leihverhältnisse könnte auch zu einem anderen Zweck als jenem des Ueberganges zum Collectivismus vorgeschlagen werden.

Wir haben das gesetzliche Zinsmaximum gehabt und Viele verlangen dessen Wiederherstellung. Gladstone hat in der irischen Landacte die „anständige Pachtrente", bei der der Pächter bestehen kann, klagbar gemacht. Einige haben den Schluß der Hypothekenbücher, d. h. die forthinige Beseitigung des Hypothekarkredites, verlangt. Wieder Andere könnten auf eine allgemeine Zinstaxe verfallen. Ich will diese Vorschläge nicht ablehnen, soweit sich nachweisen läßt, daß sie nicht mit dem Mißbrauch auch den richtigen Gebrauch ausschließen; die Begrenzung der Kauf- und Erbverschuldung, äußersten Falles die Mittel der irischen Landakte halte ich für zulässig. Dennoch sind solche Maßregeln ohne Beihülfe des öffentlichen Rechtes und des Strafrechtes, ohne solche Vereine, Zwangsgenossenschaften und Anstalten, welche den Nothkredit überflüssig machen, den Geschäftskredit positiv organisiren, die unproductive Kapitalverwendung eingen, der productiven Verwendung mehr Privat- und Genossenschaftskapital zu niedrigerem Zinsfuß entgegenbringen, den normalen Immobiliarverkehr auf Preise, wobei man bestehen kann, hinleiten, — weder selbst ausführbar, noch zu voller Hülfe ausreichend. Die Erleichterung des rechten Gebrauches des Kredites und der Schutz gegen Mißbrauch, ohne Aufhebung des freien Verkehrs in Productionsmitteln, bleibt die Hauptsache. Das aber ist durch rein negative Einschränkung der Privatrechtsinstitute der Leihe und durch Privatrechtsgesetze allein nicht erreichbar.

Dasselbe gilt nicht blos vom Leihverkehr jeder Art, sondern auch vom Kauf und Verkauf, sowie vom Uebergang des Todes wegen. So vom Kauf und Verkauf und von der Vererbung der Immobilien. Nur wo die schrankenlos freie Preisbestimmung Mangels der Concurrenz oder wegen Ueberconcurrenz und Noth auf einer Seite die Preise von ihrem natürlichen Schwerpunkt, z. B. bei Immobilien vom Kapitalwerth des durchschnittlichen Reinertrages, regelmäßig abweichen läßt, kann es begründet sein, diesen natürlichen Schwerpunkt durch genossenschaftliche, endlich selbst durch polizeiliche Ordnungen für die Anwendung des Verkehrs-Privatrechtes zur Geltung zu bringen. Dieß darf jedoch — z. B. bezüglich der Vererbung von Grundbesitz — nur so geschehen, daß die Bewegung der Productionsmittel zum besten Wirthe nicht gehindert wird und daß auch der Landwirthschaft die starken Antriebe der kapitalistischen Besitzbewegung zum Fortschritt nicht schlechtweg entzogen werden. Eine privatrechtliche Ausschließung des privaten Immobiliar- und Hypothekarverkehrs durch Entziehung der Klagbarkeit hieße das Kind mit dem Bade ausschütten.

Dieß Alles wird weiterhin klar und greifbar in unser Gesichtsfeld rücken. Vorläufig galt es nur, uns gegen ein zweites Extrem der Behandlung der Socialpolitik sicher zu stellen, voraus jest anzudeuten, daß zwar auch das Privatrecht und zwar das ganze Privatrecht der Fortbildung unterliegt, daß aber die privatrechtlichen Grundsäulen der kapitalistischen Gesellschaftsordnung mit größter Umsicht angefaßt sein wollen, daß radikale Aenderungen und rein negative Gebrauchseinschränkungen hier durchgehends vom Uebel und ein Bedürfniß für den Erfolg der Socialreform nicht sind.

Damit habe ich den Zweck dieser Vorerörterung erreicht. Wir sind gegen trunkene Hoffnungen auf die Wunderkraft ausschließlich privatrechtlicher Recepte ebenso gefeit, wie gegen dergleichen Hoffnungen auf die rein öffentlichrechtliche Ausgestaltung der Volkswirthschaft. Ein liebenswürdiger und geistreicher Freund pflegt mir bei jeder Gelegenheit zu sagen: die Menschheit gleicht einem betrunkenen

Bauer, welcher links hinunterfällt, wenn er von rechts auf das Pferd gehoben ist, und rechts, wenn er von links aufgesessen ist. Wir haben nun gesehen, daß der Wahrheit dieses Gleichnisses auch die neuere theoretische Socialpolitik nicht entronnen ist. Von links im Namen der absoluten Freiheit und Gleichheit „aufsitzend" fällt sie rechts in den extrem öffentlichrechtlich=polizeilichen, von rechts im Namen der privatrechtlichen Lösung auf das hohe Roß gestiegen, fällt sie links in einen extrem privatrechtlich=civilgerichtlichen Socialismus hinunter und beide Extreme berühren sich. Die Wahrheit liegt in der Mitte: privat= und öffentlichrechtliche Reformen zugleich auf der ganzen Linie — und Reformen nicht blos des Rechtes — sind nöthig, um die wahrhafte Freiheit, Gleichheit und Brüderlichkeit Aller durch die Gemeinschaft und in der Gemeinschaft zur Entfaltung zu bringen. Die Aufhebung der Arbeit in den Kapitalbegriff nicht weniger, als die Aufhebung des Kapitals in den Arbeitsbegriff, sind wie gedanklich so auch praktisch unmögliche Versuche, alle darauf gebauten trunken radikalen Systeme führen zu offen oder verdeckt socialistischen Vorschlägen, zu extremer Gesellschaftseinmischung für extremen — Individualismus, nicht zum Positivismus der praktischen Reform.

Verehrter Freund!

Der letzteren wende ich mich nach der ganzen Fülle des Inhaltes, welchen sie für Gegenwart und nächste Zukunft zu verwirklichen hat, mit Ihrer gütigen Erlaubniß und in der Hoffnung auf Entschuldigung der vielfach knappen Behandlung der Einzelnheiten nunmehr zu.

Obenan steht die **Production** und der **persönliche Schutz der Arbeit** in derselben.

Diesen Schutz kann in erster Linie der Lohnarbeiterstand großentheils selbst vollziehen, wenn als ein fortan unantastbares Freiheits= und Gleichheitsrecht der Arbeiter die Freiheit der Vereinigung zum Schutz bei der Production wie zum Zweck des Lohnkampfes eingeräumt bleibt; die Coalitionsfreiheit ist eine gerechte Forderung der Lohnarbeiter. Da es unter den Unternehmern immer Schlotjunker geben wird, so ist die Waffe vereinigten Kampfs gegen mißbräuchliche Geschäftspraktiken dem Arbeiterstand zum Gebrauche frei zu lassen. Die anderen Freiheiten, die er erobert hat und die ihm gestatten, den ihm passendsten und angenehmsten Lohnherrn in der ganzen Welt aufzusuchen, die Gewerbefreiheit, die Freizügigkeit, die Aufenthalts= freiheit bleiben als die glorreichen Errungenschaften des Liberalismus auch für den Lohnarbeiter aufrecht und seien durch die unangefochtene und uneingeschränkte Freiheit coalirten Kampfes mit gesetzlich er=

laubten Waffen vermehrt! Die Führung der Coalition durch die besten Genossen ist ein Feld reichlicher Entschädigung für das Gehorchenmüssen und würdig für den edelsten Menschen.

Allerdings kann die Masse jener Arbeiter, welche nicht in den Städten und in den Großbetrieben zusammengedrängt leben, von der Schutzwaffe des Coalitionsrechtes kaum Gebrauch machen, obwohl sie der rohen Behandlung und der Ueberarbeitung vielleicht am meisten ausgesetzt sind. Allein gerade sie liegen vorne im Gesichtsfeld der berufenen Hüter der Sitte und des Rechtes. Ihrer könnten sich sehr leicht weiter die Vereine für das Wohl der arbeitenden Klassen annehmen, indem erstere Klagen anhören und untersuchen, und im Falle, daß die Klage begründet ist, die Sache nöthigenfalls vor die Oeffentlichkeit ziehen; giebt es Thierschutzvereine warum nicht vor Allem Menschenschutzvereine, welche für den Wehrlosen vor das Gericht und die Oeffentlichkeit gehen? Uebrigens wirkt der Concurrenz wegen schon der Schutz der angehäuften Arbeitermassen auch auf die Behandlung der zerstreuten Lohnarbeiter der Hausindustrie und der Landwirthschaft zurück. Selbstverständlich sind auch die Innungen, Schiedsgerichte und Zwangsgenossenschaften fähig und berufen, arbeitschützend einzugreifen. Auch der Polizeischutz, z. B. des Normalarbeitstages, der Fabrikinspectoren u. s. w. ist desto mehr nothwendig, je weniger die Arbeiterschichten sich selbst zum Schutze zusammenthun können.

Ueberhaupt hat die Volks-Gesellschaft selbst durch ihre Organe, — wie durch die Kirche, so durch die Gemeinden und den Staat — zum Schutze des Arbeiters auf die Productionsordnung einzuwirken. Die Kirche wirke auf gute Behandlung des Arbeiters hin. Sie schütze ihn schon gegen die Ueberarbeitung durch die Festhaltung des freien siebenten Tages. Der Staat zeige durch die Handhabung des Civil- und des Strafrechtes gegen übermüthige Brodherren, daß vor ihm jeder Einzelne ein freier Mensch ist, der gleiches Anrecht auf Schutz gegen die vergewaltigende und betrügerische Führung des Existenzkampfes auch dem Mächtigsten gegenüber hat. Der Staat übe immer vorbehaltloser auch den polizeilichen Schutz im Geiste des unabhängigen Fabrikinspectorates und jener englischen Fabrikgesetzgebung, mit welcher K. Marx in so verdienstlicher Weise bekannt gemacht hat. Vor Allem behandle er seine eigenen niederen Diener und Lohnarbeiter — auf Werften, in Arsenalen, in den Kasernen, in den Werkstätten, in den Monopolfabriken, bei den Verkehrsanstalten, in den Staatsforsten, bei der Chausseeverwaltung — auf menschenwürdige Weise, was bei dem heutigen Umfang dieser Arbeiterkategorien nicht verfehlen kann, auf die Lage in den um die Arbeitskraft concurrirenden Privatgeschäften günstigst zurückzuwirken. Eine der angelegensten Sorgen unserer vielredenden Parlamente sollte alljährlich auf diesen Punkt gerichtet sein!

Sie haben unlängst gewünscht, meine Ansicht über den Normalarbeitstag zu hören. Die Bedeutung desselben liegt auf dem Gebiete, auf welchem wir uns in diesem Augenblick bewegen. Gerne gehe ich auf die Frage mit größter Offenheit ein.

Nicht als Mittel, das ordentliche Arbeitsangebot in gewaltigem Stoße einzuschränken und den mittleren Arbeitstag auf ein Minimum — die unmöglichen drei Stunden — herabzudrücken, sondern als Mittel, jene Ueberarbeitung abzuhalten, welche nachhaltig auch der Productivität der Nationalarbeit schadet, liegt nach meiner Ansicht die Bedeutung des Normalarbeitstages und danach allein möchte ich ihn geordnet sehen. Setze man ihn auf 11, höchstens 11½ Stunden, aber vorläufig — der internationalen Concurrenz wegen — nicht niedriger! Man schreibe ihn nur für die ununterbrochen fortlaufende Arbeit vor! Man halte die Möglichkeit von Mehrarbeit bei außerordentlichem Arbeitsbedarf und bei drängender Saisonarbeit mit körperschaftlichobrigkeitlicher Erlaubniß offen! Man gewähre Ausgleichungszölle gegen das Ausland, welches die Ueberarbeitung unbedingt gestattet! Alsdann wird der Normalarbeitstag ziemlich günstig wirken können. Die Herabsetzung der täglichen Arbeitszeit auf drei Stunden, wie einige Socialdemokraten und die Anarchisten versprochen haben, wäre dagegen das größte Unglück für die Arbeiter selbst, so lange sie nicht invalid sind; denn der Lohn für sehr wenig Arbeit kann nur sehr gering sein und die Bummelei an Stelle der zuläßigen Arbeit, die Segen und Freude bedeutet, würde das Gegentheil der wahren Beglückung des Volkes herbeiführen. Im tieferen Herabsetzen des Normalarbeitstages für die Arbeitsfähigen und in der Ausdehnung auf den unterbrochenen Kleinbetrieb, namentlich auf die Landwirthschaft mit viel außerordentlicher Saisonarbeit, kann man nicht vorsichtig genug sein. Also den Normalarbeitstag neben Versorgung der Arbeitsunfähigen, nur nicht denjenigen der Socialdemokratie!

Nach alledem erhellt, daß eine gesellschaftliche Productionsordnung allerdings erwünscht und möglich ist. Wenn die Socialdemokratie im Reichstag das „Arbeiterschutzgesetz" vom Jahre 1877 wieder aufnimmt, so komme man ihr entgegen. Das Alles ist nicht die algemeine Collectivproduction, auch nicht Vorbereitung dazu, sondern Socialreform.

Den eigentlichen Angriffspunkt der socialdemokratischen Kritik bildet nicht die Productions-, sondern die „Vertheilungsweise" oder die Einkommensbildung der kapitalistischen Gesellschaft.

So lange die Socialdemokratie des Reichstages auf diesem Felde keine Anträge stellt, hält sie ihre Fahne verborgen.

Die socialdemokratische Kritik behauptet das „eherne Lohngesetz". Hienach soll der Lohnarbeiter stets nur den nothwendigsten Unterhaltsbedarf beziehen, während der „Mehrwerth" des Productes seiner Arbeit — der Arbeitsertrags-„Mehrwerth" — im Kapitalprofit vom Unternehmer blutdürstig aufgesaugt werde. Ich habe Ihnen bereits bewiesen, daß die ganze Mehrwerthaneignungs-Räubergeschichte genauer betrachtet nichtig ist; bei Licht besehen ist sie die ins Groteske und Unwahre verzerrte Kritik, welche Aristoteles in unübertroffener Weise am Ausbeutungsmißbrauch des beweglichen Besitzes geübt hat. Marx selbst citirt diesen ältesten Kritiker des ausbeutenden Besitzes oder wie Aristoteles selbst es nennt, der „Chrematistik" [1]).

Ich könnte zunächst sagen, daß die Socialdemokratie selbst, welche den Proletariern und Proletarierinnen zu lieb verbietet, von der Vorbeugung gegen Uebervölkerung und von Prämiirung des Verdienstes und der wirthschaftlichen Leitung zu sprechen, einen Ertrag der Collectivproduction über den Nothbedarf hinaus in keiner Weise zu verbürgen vermag; sie bietet nicht die entfernteste Gewähr dafür, daß überhaupt mehr als der nothwendigste Bedarf erzeugt werden würde. Ich will jedoch davon absehen und annehmen, daß die Uebervölkerungsfrage mehr der Zukunft angehöre. Ich gebe auch zu, daß der Lohn soweit sinken kann, wie es nach dem angeblich ehernen Gesetz die Regel sein soll. Ich mache sogar darauf aufmerksam, daß nicht blos der Fabriklohn, sondern daß der Arbeitsertrag der Masse kleiner Bauern- und Handwerkerfamilien, welche in den Fesseln der Güterüberzahlung, der Ueberschuldung, der Zins-, Pacht- und Miethknechtschaft liegen, bis zum und unter den nothwendigsten Bedarf heruntergehen kann und vielfach heruntergeht.

Ist denn aber dieser Uebelstand mit der Arznei demokratischer Collectivproduction zu heilen? Ganz und gar nicht.

Vielmehr nur damit, daß im allerweitesten Umfang — also für die Masse der im Schweiß ihres Angesichts arbeitenden Bauern und

---

1) Vergl. meine Analyse in „Bau und Leben" I, S. 254 ff.

Handwerker ebenso wie für die Industrieproletarier — Löhne und Profite in der Regel über die Deckung des physisch nothwendigsten Bedarfes sich erheben.

Die zwei bedeutendsten Maßregeln zu diesem Zweck bestehen — außer der allgemeinen Erhaltung und schärfsten Anspornung der individuellen Wirthlichkeit beim Produciren — im leichten Abfluß der unbeschäftigten Bevölkerungsüberschüsse und in der Sicherstellung des wirklichen Ertrages der eigenen Arbeit für die Masse der Bevölkerung, insbesondere in der landwirthschaftlichen Production, für welche, wie schon nachgewiesen ist, aller Wahrscheinlichkeit nach stets der Mittel- und Kleinbetrieb mit seinem Zurücktreten der Mieth- und seinem Hervortreten der Familienarbeit überwiegend bleiben wird.

Daher ist eine aktive Colonial- und Auswanderungspolitik nur wünschenswerth.

Daher rüttele man nicht an den großen liberalen Grundsätzen der inner- und der internationalen Freizügigkeit, da diese den localen und zeitweisen Uebervölkerungszuständen wirksame Abhülfe schafft!

Daher empfehlen sich Maßregeln der Art, wie sie von mir in der „Inkorporation des Hypothekarkredites" zur Verhütung der Ueberschuldung, zur Abwehr der Zins- und Pachtaussaugung des Bauernstandes und der wucherischen Ausbeutung der Immobiliarspeculation vorgeschlagen und als möglich bis ins Einzelne nachgewiesen sind.

In meinem „corporativen Hülfskassenzwang" (2. Aufl.) habe ich gezeigt, wie auch die nur noch wenig kostspielige Auswanderung in Verbindung mit der Altersversicherung materiell sicher gestellt werden könnte.

In Ackerbaucolonien, welche praktisch den Rand des v. Thünen'schen isolirten Staates darstellen, sowie in einer gegen Zins- und Pachtaussaugung sichergestellten bäuerlichen Production der Mutterländer stellt sich das Einkommen für die Masse der wirklich productiven, selbstständigen wie unselbstständigen Arbeit über dem nothwendigsten Bedarfe fest und kann von kapitalistischer Mehrwerthaneignung nach „ehernem Gesetz" keine Rede sein. In der Staatskunst, welche hier den Schwerpunkt der Einkommensbildung im eigentlichen Sinne des Wortes hochzuhalten weiß, nicht im Collectivismus, liegt die Gewähr der verhältnißmäßigen Betheilung der Arbeit am Productionsertrag. Rückwirkend wird davon auch die industrielle Lohnbestimmung auf das Günstigste beeinflußt.

Sie begreifen daher meine Freude an der Kolonialpolitik, wenn diese neue und große Ackerbauansiedelungen offen hält, auch nachdem — zufolge dem jüngsten amerikanischen Census mit dem Ende dieses Jahrhunderts — der Ackerbauboden der Vereinigten Staaten ganz besetzt sein wird. Und Sie begreifen, warum ich auf jene körperschaftliche Ordnung des Hypothekarkredites und alles Grundbesitzverkehrs, welche die Güterüberzahlung, die Ueberspannung des Kauf= und Erbabfindungs=Kredites, den zu hohen Zinsfuß, die Pachtausbeutung, die Aufsaugung des Bauernstandes zu Latifundien des Geld= und Grundadels allgemein und mit voller Sicherheit ausschlöße, ohne eine einzige Scholle dem social wünschenswerthen Immobiliarverkehr zu entziehen, für ein ungleich wirksameres positives Mittel zur Bekämpfung der Socialdemokratie halte, als selbst den von mir so überaus geschätzten genossenschaftlichen (neukorporativen) Hülfskassenzwang. Man gewinnt so die möglichst verhältnißmäßige Vergeltung der productiven Arbeit annähernd mit dem wirklichen Arbeitsertrage, man rettet den Bauernstand — das Bollwerk gegen Collectivismus, den Grundpfeiler eines zuverläßigen Heeres, den unbekehrbaren Träger wahrhaft individualistischer Wirthschaftsführung, den nicht zu erschütternden Anhänger der staatlichen und kirchlichen Autorität. Der Collectivismus ist dann ganz unmöglich. Die gefährlichsten Rekruten des collectivistischen „Zukunftsstaates" wandern aus und werden in den Ackerbaukolonien tüchtige Individualisten.

Sie sehen, es giebt ziemlich wirksame Mittel der positiven Bekämpfung der Socialdemokratie; im Einzelnen muß ich mich auf die schon erwähnte und Ihnen wohl bekannte Schrift beziehen. Ich will nur noch auf die erfahrungsmäßige Möglichkeit solcher Hülfe verweisen. Das bedeutendste Mitglied des Cobdenklubs, Gladstone, hat nicht gestrauchelt, im Agrarrecht einen tiefen Staatseingriff in der Richtung auf die anständige, d. h. die Nothbedarfsdeckung überschreitende Pachtrente (fair rent) zu wagen. In Deutschland mit seiner noch bedeutenden Domanialwirthschaft kann der Staat sogar unmittelbar die anständige Vergeltung der landwirthschaftlichen Familienarbeit beeinflußen; er braucht nur selbst in den Zeitpachtverträgen nicht auszubeuten; er kann sogar Erbpacht — ohne neue Fesselung der Bauern an die Scholle und ohne Stabilisirung der Pachtrente für ewige Zeit — wieder versuchen.

Man kann gegen das Bestreben, bei Erbschaften und Verkäufen den Güterwerth mittelbar auf den Reinertrags=Kapitalwerth zurückzudrängen, nicht einwenden, daß dadurch die „natürliche" weil „freie" Preisbildung gehindert werde. Unnatürlich ist jede freie Ueberzahlung des Bodens in guten und jede Verschleuderung in mageren und kritischen Perioden. Die Inkorporirung des Hypothekarkredites, welche die normale Preisbildung mittelbar bewirkt, würde da allgemein erreichen, was das „Anerbenrecht" der Höferolle nur sehr beschränkt zu erzielen gestattet.

Der Bauernstand kann durch die angegebenen Mittel nicht blos allem Wucher und aller Ausbeutung entrissen, sondern auch so betriebskräftig und betriebsverständig gemacht werden, daß er jeder auswärtigen Getreideconcurrenz die Spitze bieten kann, wenigstens bei Schutz gegen die Währungsüberlegenheit Ostasiens, wovon ich noch reden werde. Gelingt dieß, so ist schon dieser Wall der geordneten Weiterbildung unserer Gesellschaft für die Socialdemokratie unübersteiglich und außerdem einer dem Industrieproletariat an Zahl zehnfach überlegenen Bevölkerung die ausreichende Verhältnißmäßigkeit des Einkommens gesichert.

Auch der Handwerker- und der Kleinhandelsstand wird der Socialdemokratie nicht dauernd zur Beute werden. Ein großer Theil desselben wird lebenskräftig bleiben oder auswandern, ein anderer Theil, der in die Reihe der Lohnarbeit — im Ganzen ohne Verschlechterung — übergeht, muß durch die dem Proletariat gebührenden Reformen hinsichtlich der Einkommensbildung zufrieden gestellt werden.

Dem verbleibenden Kleingewerbebetrieb kann allerdings durch Innungen nach altem Schnitt und durch Zunftbann nimmer geholfen werden. Die lokale Zwangsgenossenschaft mag dieß und jenes Gute zu leisten im Stande sein, indem sie Arbeits- und Qualitätspolizei üben hülft, am gewerblichen Bildungswesen mitwirkt, Friedensgerichte bestellt, Gewerberäthe wählt u. s. w. Im Ganzen werden nicht nur die gewerblichen Hülfsarbeiter in große und dem Zweck nach specialisirte Zwangsgenossenschaften und Vereine zu treten haben, sondern auch die Meister in Landes- und Reichs-Fachvereinen und in Gewerbekammern die ausreichende Stärke der Vertretung und Gegenseitigkeit zu suchen haben. Ich gestehe offen, daß ich von aller Wiederbelebung der alten Zunft wenig halte. Was an den neuesten „Innungen" lebensfähig ist, das ist auch nicht mehr altes Zunftwesen.

Sie haben wohl schon gefragt, warum ich der Masse schlecht bezahlter Existenzen in der Hausindustrie-Bevölkerung nicht gedacht habe. Ich verstehe unter Hausindustrie nicht das Nähen, Stricken und Spinnen für den Familienbedarf, sondern die industrielle Beschäftigung durch das Kapital im Hause der Arbeiter statt in einer Fabrik. Die so beschäftigte Bevölkerung ist ein Mittelding zwischen dem Handwerkerstand und dem Fabrikproletariat und wird daher passend jetzt erst von mir erwähnt. Diese „Arbeiter" wenden in tiefem Elend ihre ländlichen Wahlstimmen den Kandidaten der Socialdemokratie zu.

Viele hausindustrielle Bevölkerung ist mit ihrem Einkommen in der That in noch üblerer Lage als das Fabrikproletariat.

Die Genügsamkeit der Leute, sodann die Werthlosigkeit ihrer im kleinen Landwirthschaftsbetrieb überflüssigen Zeitmassen, endlich die zwei Vortheile für den Unternehmer, die Kapitalfixirung in Fabrikgebäuden zu ersparen und den Betrieb nach der Conjunctur einzustellen oder zu erweitern — diese Umstände sind es, welche das Kapital veranlaßt haben, den örtlich zerstreuten dem fabrikmäßig concentrirten Betrieb vorzuziehen. Aehnlich verhält es sich mit dem Anlaß des Elendes vieler landwirthschaftlicher Taglöhner.

Man schütze gegen den Wucher der Agenten des Kapitals! Nur glaube man nicht, daß das Kapital der Feind sei; ohne dasselbe würde alle Beschäftigung fehlen und oft genug ist der Kapitalist der am Material bestohlene Theil. Die Hauptursachen des Elendes liegen anderswo. Die Grundwurzel desselben ist das eigene stumpfsinnige Kleben an der heimischen Scholle und am hergebrachten Arbeitsschlendrian; dagegen ist eine Hauptwaffe, wie ich in der „Incorporation des Hypothekarkredites" nachgewiesen habe, in einer Ausgestaltung des Grundbesitzverkehrs zu finden, welche der Bodenzersplitterung, der Ueberschuldung für die Bodensplitter, der Entstehung unbeschäftigter Zeitmassen, der Herabdrückung des ländlichen Arbeitslohnes entgegenwirkt. Ich meine darum nicht, daß andere Mittel nicht anzuwenden wären. Es giebt deren viele. Im Zusammenhang mit Agrarreformen, welche der künftigen Neubildung solchen Proletariates vorbeugen, kann positive Unterstützung der Auswanderung an die Gemeinden mit verkommenster Hausindustrie- und Taglöhner-Bevölkerung gerechtfertigt sein. Weiter die allmälige Einbeziehung in den Versicherungszwang, was entweder die Arbeitgeber nöthigt, höhere Löhne zu zahlen, oder die Lohnarbeiter, die undankbare Heimathscholle zu verlassen. Bei Einführung der Krisenversicherung (s. u.) ließe sich durch Mitbelastung der Arbeitgeber mittelbar nachhaltigere Beschäftigung erzwingen. Von Bedeutung ist ferner die Einführung des Arbeitsunterrichts in die Volksschule, wovon noch die Rede sein soll; je mehr die junge Generation eine Anzahl von Handfertigkeiten und Freude an der Arbeit lernt, desto eher verschwinden der Stumpfsinn, die Schollenkleberei und die übrigen moralischen Hindernisse, von der Freizügigkeit praktischen Gebrauch zu machen; je besser die Bevölkerung wird, desto eher kommt auch die Fabrik und bessere Bezahlung, der „Agent" verschwindet und mit ihm die wechselseitige „Ausbeutung" von Kapital und Arbeit; Staat und Gemeinde können dieser Entwickelung durch Steuerfreiheit und andere Opfer entgegenkommen. Uebergang zur kunstindustriellen Beschäftigung ist zwar kein Universalheilmittel; gewiß aber ist der Fortschritt zu solcher Beschäftigung auf dem Lande desto eher möglich, je mehr die Arbeitserziehung in der Schule vordringt und je mehr Central-Lehrwerkstätten und Fachschulen durch Staat, Land und Gemeinde ausgebildet werden. Jenem Theile dieser jetzt so verkommenen Bevölkerung, welcher — durch solche Mittel emporgehoben — auch künftig zu Hause beschäftigt bleibt, lege man unbedenklich den Versicherungszwang auf und in den betreffenden Gemeinden steigere man allmälig die Ansprüche der Bau- und Wohnungspolizei. Man begünstige auch den Bezug des Rohstoffes im Großen, den Bezug der besten Muster, den gemeinsamen Transport und die vereinigte Versendung, die Erwerbung eigener Productionsmittel mit Hülfe der populären Spar- und Kreditanstalten. Offenbar ist auch hier Hülfe möglich, aber nie und nimmer eine solche, welche reactionär auf concurrenzunfähige Arbeitsformen zurückgreift, sondern nur solche, welche den Arbeiter productionsfähiger macht, ihn wieder begütert und ihm praktisch die „Freizügigkeit" gestattet.

Möglich, vielleicht wahrscheinlich — bringt wie dem Kleinhandwerk so den Arbeitern der Hausindustrie das herannahende Zeitalter der Electrotechnik Hülfe! Gelänge es, nicht blos Wasser und Wärme, sondern auch mechanische Triebkraft in kleinen Mengen wohlfeil zu jedem Zimmer zu leiten, so wäre für eine ganz neue Aera des handwerklichen und hausindustriellen Kleinbetriebes der Boden gewonnen, und zwar durch collectivwirthschaftliche — staatlich-communale — Kraftübertragungsanstalten! Selbstverständlich wäre damit eine allgemeine Verbesserung der Wohnungsverhältnisse unzertrennlich verbunden. Doch schweige ich; ich müßte befürchten, in den Verdacht der „Zukunftsmusik" zu gerathen.

Durch alle nächst vorangehenden Nachweisungen hat sich wie ein rother Faden der leitende Gedanke hindurchgezogen, nicht die alte Handwerks- und Hausproduction gegen den Großbetrieb in Concurrenz zu stellen, sondern, so weit die Ueberführung in Kunstindustriearbeit nicht gelingt und zureicht und soweit Wegzug nicht stattfindet, entweder sie selbst in Fabrikarbeit überzuführen oder einen dem Fabrikbetrieb gewachsenen mit allen Vortheilen der Technik ausgestatteten Hausbetrieb auf jede Weise zu fördern. Dieser Gedanke gestattet nun — meine ich — auch die Erledigung der Klagen über die

Concurrenz der Strafhausarbeit. Mögen die Strafhäuser mit dem Großbetrieb concurriren, einen Theil der Fabrikproduction an sich reißen, statt nur dem Kleinhandwerker und der armen Näherin eine gefälschte und für das Volk kostspielige Concurrenz zu bereiten. Die Strafhausfabrik wird zu thun haben, so niedrige Preise zu verwilligen, wie sie die freie Fabrik bieten kann. Der Staat hat dann gar kein Interesse mehr, auf Kosten des Steuerzahlers unterbieten zu lassen. Das Strafhaus — sammt seinen Zwangsarbeitern — wäre als Glied in die kapitalistische Großproduction eingefügt und auch dem Sträfling könnte ein ausreichender Lohn gegeben, bez. Sparpfennig zurückgelegt werden. Der Manufactur-Großbetrieb, eventuell der electrotechnische Fabrik-Betrieb ist sogar mit dem Einzelhaftsystem vereinbar.

Der Schwerpunkt der Socialpolitik, die Einkommensfragen betreffend, mag noch so sehr auf dem colonial-, agrar- und gewerbepolitischen Gebiete liegen, so soll man doch dem Industrieproletariate auch die unmittelbare Hülfe nicht versagen.

Die zwei großen Anliegen, im Lohn mehr als den Nothbedarf zu erlangen und vor Erwerbsstockungen gesichert zu sein, sind völlig gerechtfertigt, und können erfüllt werden, nur nicht in demokratischem Collectivismus. Letzterer wäre selbst in diesem Stück, wie nachgewiesen, ein Versuch mit völlig untauglichen Mitteln.

Eine Fortbildung des gemeinen Privat- und Verwaltungsrechtes gebietet über hinreichende Mittel, allgemein die Lebenshaltung auch der Lohnarbeit zu erhöhen, jenen standard of life, welcher nach dem angeblich ehernen Lohngesetz selbst das Maß des mindesten Lohnes bestimmt, allgemein über die Nothdurftbezüge hinaufzurücken. Die Gesetzgebung arbeitet in dieser Richtung, indem sie die Steigerung des lohnbestimmenden Nothbedarfes um die Bedarfe menschenwürdigen und gegen Unglück gesicherten Lebens erzwingt. Dieß geschieht, indem der Schulzwang auch den Bildungsbedarf sichert. Es geschieht, indem der Brodherr die Kosten gutgehaltener Arbeitslokale und zureichender Sicherheitsvorkehrungen zu tragen hat. Es geschieht, indem man mit Hülfe der Bau- und Wohnungspolizei die Möglichkeit schlechter Wohnens beseitigt. Es geschieht, indem man durch die allgemeine Versicherungsgenossenschaft ordentliche Versorgung der Kranken, sowie der Alters- und Unfallsinvaliden sicherstellt, und zwar unter directen Beiträgen der Arbeitgeber.

Sie erinnern sich außerdem aus der Lectüre meines „korporativen Hülfskassenzwanges", wie leicht es wäre, die Deckungs- und Reserve-Fonds der großen Versicherungs-Genossenschaften (Special-Korporationen) zur Erleichterung der Auswanderung, zur Herabdrückung des Zinsfußes im Interesse der productiven Arbeit, auch zur Anlage in solchen Geschäfts= und Wohnhäusern, in solchen Gärten, Baumgütern und Aeckern zu verwenden, deren Miethen und Pachte fest wären und so geregelt werden könnten, daß die Miether und Pächter selbst dabei bestehen können, während die zu bezahlende billige Haus= und Grundrente den Arbeiter=Versicherungskorporationen, d. h. dem Proletariat zuflöße. Der korporative Hülfskassenzwang in Verbindung mit der Inkorporation des Hypothekarkredites gestattet ohne jegliche Gewaltthat, ohne radikale Ausschließung des Geld= Mieth= und Pachtzinses, der unter anderen Gesichtspunkten unentbehrlich ist, für immer den größten Theil der Haus= und der Grundrente dem Producenten — der Masse der Bauern, Handwerker und auch der Lohnarbeiter — unmittelbar und mittelbar zuzuwenden.

Der gegenseitigkeitliche Hülfskassenzwang, dessen Anfänge in Deutschland sichergestellt sind, leistet jedoch noch mehr als die allgemeine Erhöhung des standard of life über die Nothdurft hinaus. Er wird auch der relativen Wahrheit der eigentlich „kommunistischen" und „mutualistischen" Forderung gerecht. Er verwirklicht im Wege der Solidarität die allgemeinste brüderliche Gegenseitigkeit und hiemit ein Einkommen nicht blos nach dem Maße der Arbeitsleistung, sondern so weit nöthig, auch nach dem Verhältniß der Bedürftigkeit. Jeder gesunde, nicht verunglückende, noch im Alter rüstige, von keiner Erwerbsstockung betroffene Genosse giebt thatsächlich an den kranken, siechen und invaliden, auch wie ich sofort zeigen werde, an den erwerblosen „Bruder" und Productionsgenossen von seinem Arbeitsertrags=Gegenwerth ab. Die neuzeitliche Versicherungscorporation arbeitet also praktisch in der Richtung des berechtigten Verlangens selbst der Communisten. Der Staat wirkt mit, jedoch nur indem er die zur thatsächlichen Einkommensteigerung erforderliche Verallgemeinerung erzwingt, auch die Ordnung der Verwaltung überwacht und gewährleistet.

Die allgemeine Versicherungsgenossenschaft kann auch das Zweite leisten. Sie kann in ziemlich großem Umfang der vereinzelten und der allgemeinen Erwerbsstockung steuern, wie Sie aus der zweiten Ausgabe meines „korporativen Hülfskassenzwanges" und aus den Artikeln in der „Münchener Allg. Ztg.", die ich Ihnen zuzusenden mir erlaubte, schon wissen. Es ist auch leicht, weiter mit der Versicherungs=Organisation die Verhütung von Lohnstreit und Strikes in Verbindung zu bringen. Auch die Arbeitsnachweisung und das Herbergswesen kann einheitlich durch das ganze Staatsgebiet hindurch

Seitens der beruflich gegliederten Genossenschaften besorgt werden, wobei sicherheitspolizeilich der große Vortheil erzielt wird, den ordentlichen Arbeiter mit dem Hülfskassenbuch vom Vagabunden abzuheben und das „Arbeitsbuch" überflüßig zu machen.

Namentlich kann bei Ausbruch der Erwerblosigkeit den Erwerblosen ausgiebige Unterstützung gebracht werden, wenn man die Hülfeleistung auf die Versicherung gegen Erwerblosigkeit ausdehnt. Das ist nicht Chimäre, die Möglichkeit ist schon großartig zur Wirklichkeit geworden, die Krisenversicherung in England durch Jahrzehnte praktisch bewährt¹). Die Möglichkeit der Verallgemeinerung dieser ausgiebigen Krisenversicherung habe ich in der zweiten Ausgabe des „korp. H.K.Zwanges" ins Einzelne der Organisation nachgewiesen und gezeigt, wie durch Einfügung eines Systems von Sparprämien an diejenigen Geschäfte und Lohnarbeiter, welche am wenigsten Stockungszuschuß (und sonstige Kassenleistungen) verursachen, zugleich eine allgemeine Kapital- und Vermögensbildung für das Proletariat gewonnen werden kann.

Auch zur Krisenversicherung, die ich natürlich nicht mit Einem Schlag eingeführt sehen will, wären die Unternehmer („das Kapital") materiell heranzuziehen, und zwar in dem Maße mehr, als sie ihren Arbeiterstand rasch ändern, damit gerade sie selbst ein Interesse an stetigem Productionsbetriebe, also an Verhinderung der Krisen haben. Wenn da alle gleichartigen Unternehmer ohne Ausnahme, darunter namentlich auch die „Verleger"der erwähnten Hausindustrie, die Last einer Erwerbsstockung für eine gewisse Zeit zu tragen haben, wenn dabei Aufnahms- und Entlassungsgelder besonders zu entrichten sind, so werden sie auch alle auf stetigen Gang der Production hinwirken, wozu die Genossenschaft den Boden der nothwendigen thatsächlichen Erhebungen und Verständigungen selbst darbietet. Andererseits werden die Lohnarbeiter bei außerordentlichem Geschäftsandrang besonders bezahlte Ueberarbeit im Interesse des Gleichgewichtes der Production gerne übernehmen.

Es liegt nahe, daß die Versicherungsgenossenschaft auch den Sträflingen mit Freipaß am ehesten Beschäftigung geben und durch

---

1) Sieben englische Fachvereine mit 1542 Zweigvereinen und 131 130 Mitgliedern bewährten sich in der kritischen Epoche 1876—1880 als vorwiegende Krisenversicherungs-Vereine. Sie leisteten in dieser Zeit 807 409 L. St. an Erwerblose gegen nur 586 000 L. St. für Kranken-, Leichen-, Alters- und freie Unterstützung zusammen und gegen nur 158 361 L. St. für Strike-Unterstützung.

Annahme der Strafhausarbeiter zu ordentlichen Löhnen der drückenden Strafhausconcurrenz am ehesten ein Ende machen könnte. Doch will ich darauf nicht näher eingehen.

Ich habe genug gethan, Ihnen zu beweisen, daß „einheitliche Zusammenziehung" aller Productionstheilnehmer zu nicht mehr mittelalterlichen Verbänden in der fruchtbringendsten Weise möglich, z. Th. schon wirklich ist, nur nicht mittelst der socialdemokratischen Collectivproduction.

Die allgemeine Versicherungsgenossenschaft hat wie die Coalitionsfreiheit, den weiteren großen Vorzug, denjenigen Lohnarbeitern, welche zu führenden Stellungen geeignet sind, ohne Unternehmer werden zu können, ein Feld edelster Befriedigung des höchsten Ehrgeizes darzubieten. Sie gleicht, indem sie die Kapitalisten und ihre Lohnarbeiter in der Verwaltung immerfort einander nahe bringt, viele Gegensätze und bittere Klassenverstimmungen aus. Nur die „freie" Hülfskasse, zu welcher der „Kapitalist" nicht steuert, schließt den Frieden aus und bleibt eine Festung der Socialdemokratie; nur die herrisch geleitete und unterhaltene Kassenhülfe bewirkt es, daß das Proletariat eine uninteressirte und unbefriedigte Masse bleibt ohne Raum für intelligente Führerschaft aus der Arbeiterelite heraus. Beide Extreme umgeht die richtig organisirte Versicherungsgenossenschaft, wie solche von mir im „korp. Hülfskassenzwang" vertheidigt worden ist; sie betheiligt die Arbeitgeber und die Lohnarbeiter an Beidem, am Zahlen und am Verwalten. Die deutsche Kranken- und Unfall-Versicherung ist von beiderlei Mißgriffen leider nicht ganz frei geblieben; wirken Sie — ich bitte — bei der bevorstehenden gleichartigen Gesetzgebung Oesterreichs darauf hin, daß in dieser Hinsicht kein Mißgriff stattfinde!

Sie sehen, verehrter Freund, wie weittragend die Bedeutung eines allmälig zu vollständiger Entwickelung gelangenden Hülfskassenwesens für alle praktischen Hauptaufgaben der Socialreform werden kann. Die Gegenseitigkeit der Hülfskassen ist fürs Erste eines der Mittel, den Antheil der Lohnarbeit am Productionsertrag um den Betrag der Hülfsbezüge zu steigern. Sie läßt sich zweitens als Mittel theils der Verhütung von, theils der Sicherung in Erwerbskrisen ausgestalten. Sie bietet drittens den hervorragendsten Persönlichkeiten der Lohnarbeiterschichte Antheil an der Gesellschaftsleitung und eine befriedigende Führerstellung. Sie leistet jedoch noch mehr, indem sie auch das Mittel wird, dem Proletariat ziemlich allgemein Eigenthum, collectives und privates, zu verschaffen.

Ehe ich jedoch auf diesen vierten Punkt näher eingehen darf, für welchen neben der gegenseitigen Hülfskasse auch noch andere Einrichtungen in Frage kommen, habe ich bezüglich der Verhütung der Erwerbstockungen einige ergänzende Bemerkungen einzuschieben.

Ich habe bereits darauf aufmerksam gemacht, daß die Gefahr der Erwerbstockungen nicht blos der kapitalistischen, sondern auch der socialistischen Productionsweise innewohnt. Auch habe ich dargethan, daß nicht das Zurückbleiben des Antheils der Arbeiter am steigenden Productionsertrag die Krisen veranlaßt; eine kurze außerordentliche Steigerung der Löhne und des Arbeiterkonsums ist vielmehr die den Krisen regelmäßig vorausgehende Erscheinung. Ich habe auch schon darauf hingewiesen, daß eine steigende Mehrbetheiligung des Kapitals am Werthe des Productionsertrages — in Form der Mehrung des Productionsmittelbesitzes und des Luxuskonsums — nicht die Stockung, sondern nur die Mehrerzeugung für den Productionsmittel- und für den Luxusbedarf herbeiführen müßte; die angebliche oder wirkliche Betheilung der Lohnarbeit nur mit dem jeweils „nothwendigen" Unterhaltsbedarf wäre ja vielmehr ein Faktor der Stetigkeit des Productionsganges und des Arbeitereinkommens. Die ganze fragliche Krisentheorie, auch diejenige von Rodbertus, ist meines Erachtens unhaltbar. Die Hauptaufgabe liegt vielmehr darin, das Kapital selbst am stetigen Gang der Production durch die Belastung für den Fall der Krise zu interessiren und durch ein mehr Uebersicht gebendes genossenschaftliches Zusammenbringen aller Geschäfte desselben Productionszweiges neue Mittel zu einer die Krisen verhütenden Productionsleitung zu geben. Daß auch hiezu die Hülfsgenossenschaft sehr wesentlich beitragen kann, habe ich schon angedeutet, muß jedoch hervorheben, daß auch bezüglich der Krisen ein einziges Radicalheilmittel nicht gefunden werden kann, im socialistischen so wenig als im kapitalistischen Staat.

Wie, wenn die Stockung für Europa aus Afrika, Australien, Amerika und Asien kommt? Kann Ein einziger „Volksstaat" mit Einem Schlag in der ganzen Welt für den Kongo und für Brasilien, für die Dekhan-Weizengebiete, für Rußland und für die Weizenprärie am Ohio und Mississippi eingerichtet werden? Ganz offenbar nicht. Giebt es andererseits im bestehenden staats- und völkerrechtlichen Zustand gar kein Schutzmittel gegen die hauptsächlich vom Ausland fatumartig hereinbrechende Macht der Krisen?

Es giebt solche Mittel. Eines, welches allerdings nur mit großer Umsicht gewonnen werden kann, wäre die völkerrechtliche (nicht staatsrechtliche) Herstellung eines europäischen Festlandbundes in Zoll-, Steuer-

und Handelssachen. Ein anderes wäre die internationale Ordnung der Währungsverhältnisse zur Verhütung der überhaupt verhütbaren Geldwerthschwankungen. Diese zwei gewaltigen Mittel will ich aphoristisch andeuten, bevor ich zur Frage der Verallgemeinerung des Privateigenthums an den Productionsmitteln übergehe.

Noch ein oder zwei Generationen, so wird ein Steuer- Zoll- und Handelsbund gar nicht zu umgehen sein, wenn wir Europäer gegenüber den Riesenreichen Asiens, Amerikas und bald wohl auch Afrikas uns behaupten, wenn wir unsere Civilisationshegemonie nicht verlieren, uns im Exportprämienkrieg nicht aufreiben und unsere Bauern und Arbeiter nicht auf das Niveau von Kulis, Ryots und Fellas sinken lassen wollen. Die asiatische Concurrenz wird bei der fortschreitenden Frachtverbilligung die allergefährlichste sein und so lange bleiben, bis auch in Asien der Geldwerth nicht mehr so viel höher, daher die Marktpreise und Löhne soviel niedriger sind, wie in Europa.

Der fragliche Bund, bestünde er Anfangs auch nur aus Deutschland und Oesterreich — ich habe den Gedanken der mitteleuropäischen Handels- und Zolleinigung schon vor bald dreißig Jahren (1858) vertreten — oder aus Deutschland, Oesterreich und Rußland, wäre ohne jegliche Beeinträchtigung der Souveränetät der jetzigen Staaten ausführbar. Diese behalten die Zwischenzollgrenze bei, an welcher jeder Staat seine Finanzzölle, selbst ermäßigte Schutzzölle, vorschreibt und erhebt. Jeder handhabt gegen außen den wie jetzt im Zollverein controlirten gleichartigen Eingangszolltarif. Zollfrei oder sehr gering taxirt wären im Zwischenverkehr der verbündeten Staaten namentlich die nothwendigen Lebensmittel und begünstigt die festländischen Industrieartikel. Dadurch erhielte ohne Beeinträchtigung der Conjumenten die Landwirthschaft den nöthigen Schutz bei gesichertem Absatz, die europäische Industrie einen bevorzugten Markt auf Grund annähernder Gleichmäßigkeit der Productionsbedingungen. Durch die Außenzölle wäre Sicherheit gegen die Productions- und Währungs-Schwankungen von außen her und gegen deren Erschütterungen verbürgt, ohne daß es auf so weitem Gebiet an hinreichenden Stacheln der Concurrenz fehlen würde.

Die Währungsfrage ist bekanntlich in erster Linie eine Frage der Beseitigung von Krisen und Erwerbsstockungen[1]. Sie ließe sich endgültig zum Vortheil der Lohnarbeit wie des Kapitals und gegen die Kursausbeuter der Geldkrisen regeln.

---

1) Vergl. meine „Internationale Doppelwährung".

Der europäische Frieden, der nach einer Generation volkswirth=
schaftlicher Verwachsung unseres Erdtheils fast unverbrüchlich gesichert
wäre, würde auch die größten aus dem Inneren stammenden und
drohenden Erwerbsstockungen und Einkommensstörungen zum gleichen
Vortheil Aller beseitigen.

Sie sehen hier abermals, wie schon oben an der Colonisations=
und Auswanderungsfrage, daß selbst die auswärtige Politik das
Allergrößte zu Gunsten der productiven Arbeit — das Industrie=
proletariat eingeschlossen — zu leisten vermag und noch wird leisten
müssen.

Zittern Sie nicht für die Selbständigkeit Oesterreichs! Sie ist
m. E. selbst dann nicht gefährdet, wenn der Bund mit Deutschland
allein geschlossen würde. Treten weitere festländische Staaten bei, so
haben die Ungarn und Austroslawen vollends Nichts zu befürchten.
Ein zweites Skierniewice, im Sinn und Geist dieses positiven Ge=
dankens, würde den Monarchen und ihren Ministern unsterblichen
Ruhm und unermeßliche Sicherheit eintragen.

Ich habe der Währungsfrage nach ihrer handelspolitischen Be=
deutung im besonderen Hinblick auf den hohen, gegen Europa noch
nicht ausgeglichenen Geldwerth Süd= und Hinterasiens bereits ge=
dacht. Eine Frage stetigen Einkommens ist auch die dauernde Be=
seitigung der Papiervaluta und ihrer unvermeidlichen Schwankungen.
Oesterreich wird meines unmaßgeblichen Dafürhaltens diese Calamität
nicht heben, sondern steigern[1]), wenn es zur einfachen Goldwährung
übergienge. Eine metallische Währung wird man aber dauernd —
darauf kommt es doch an — nur behaupten, wenn man für den
Kriegsfall einen für die Mobilisirung ausreichenden Baarschatz auf=
zubringen vermag. Ein österreichischer Juliusthurm hätte seine Be=
deutung auch für die productive Arbeit des Landes. Ich will jedoch
um so weniger hierüber mich weiter auslassen, als ich am ange=
führten Orte genug darüber gesagt habe.

Wie aus der Ungleichheit der Productionskosten und des Geld=
werthes, können auch aus vielen anderen Ursachen — so aus der
zeit= und länderweisen Ungleichmäßigkeit in der Lebenshaltung der
Arbeiterklassen, aus der Ungleichheit der Volksdichtigkeit, aus der
Verschiedenheit des Rechtes, namentlich der socialen Gesetzgebung, aus
ungleicher Belastung durch die finanziellen und militärischen Staats=

---

[1]) Vergl. „Die Zeitschr. für die gesammte Staatswissenschaft" 1883 f.:
„Zur Theorie der Deckung des Staatsbedarfes", 3. Artikel.

leistungen u. s. w. — tiefe Erwerbsstörungen von außen hereinbrechen. Der vereinzelte „Volksstaat" ist denselben nicht gewachsen. Wohl kann eine „internationale Arbeiterpartei", welche dem Umsturz entsagt und aufrichtig der Reform im Interesse des Arbeiterstandes aller gebildeten Nationen zustrebt, den Staatsmännern zur Bewältigung und Eindämmung der internationalen Krisen unschätzbaren Beistand leisten und eine starke Anwendung der socialpolitischen Ausgleichungszölle vom internationalen Verkehr abwenden. Dagegen ist die Hoffnung, welche die Socialdemokratie auf die betreffenden volkswirthschaftlichen Gefährdungen der kapitalistischen Nationalstaaten gegenwärtig setzt, völlig eitel. Ich meine die Hoffnung, es werde aus solchem Zusammenbruch der collectivistische Welt=Volksstaat mit dem ewigen Weltfrieden hervorgehen und die Bauerschaft der alten und der neuen Welt früher oder später mit klingendem Spiel ins Lager der Socialdemokratie einziehen. Die Folge wäre eine ganz andere, wie ich in der „Inkorporation des Hypothekarkredites" näher ausgeführt habe. Es käme vielmehr der Rückfall auf eine tiefere extensivere Stufe der Volkswirthschaft mit Entvölkerung, mit viel Weidewirthschaft und Ladifundienmehrung. Es käme ein allgemeiner Rückgang des Volkswohlstandes, wohl auch Verzwergung, Verkümmerung und Abhängigkeit Europas gegenüber den neuen Welttheilsstaaten und Welttheilsbünden. Ein Rückschritt, welcher den isolirten „Volksstaat" treffen würde, wofern die jetzige „Internationale" auf eine Loslösung von der weltwirthschaftlichen Gemeinschaft der Menschheit verfallen und mit einem isolirten National=Volksstaat im Geiste des Fichte'schen Idealstaats sich begnügen wollte.

Sie sehen, verehrter Freund, daß auch für die internationale Socialpolitik nur das positive Schaffen vom gegebenen Boden aus, nicht der collectivistische Umsturz, irgend Etwas verheißt. Und nunmehr kann ich den Faden unserer Zwiesprache da wieder aufnehmen, wo ich denselben für einige Augenblicke habe fallen lassen.

Ich hatte bereits betont, daß die Genossenschaft auch Mittel der Verallgemeinerung des Rente gebenden Besitzes, nicht blos Mittel zur Sicherstellung eines bei beschäftigter und unbeschäftigter Zeit ausreichenden Lohn= und Versicherungs=Einkommens sei. Das aber ist für unsere Frage eine Hauptsache. Verallgemeinerung des Ertrag gebenden Privateigenthums ist die schneidigste Entgegensetzung gegen die allgemeine Aufhebung solchen Privateigenthums, wie solche von der Socialdemokratie gefordert ist. Allerdings ist die Vermögenssammlung der Genossenschaften nicht das einzige Mittel zur Wieder=

herstellung von Besitz auch für die Proletarier und werde ich deßhalb diesen Punkt etwas allgemeiner zu behandeln haben.

Der Proletarier verlangt und kann bekommen auch Antheil am Besitz, wie an der Bildung. Die Verallgemeinerung nicht die Abschaffung des Privateigenthums an den Productionsmitteln und Rentenquellen ist die Aufgabe. Glücklicher Weise eine lösbare, sogar eine schon in Lösung begriffene Aufgabe! Großkapitalisten und Millionäre können allerdings nicht Alle werden, man könnte so viele gar nicht brauchen. Allein Vermögen zur Sicherstellung der Familie und der eigenen Person können Alle, Vermögen zur Eröffnung selbständiger Kleinbetriebe können Hunderttausende behalten und erhalten.

Wider die Socialisten sage ich zuerst: behalten! In erster Linie gerade durch das Erbrecht, welches die Socialdemokraten abschaffen wollen. Ein im Interesse der productiven Arbeit geregeltes Erbrecht sichert der breiten Masse des Volkes den fortdauernden Besitz von Productionsmitteln, worauf ein mehr als nothdürftiges Einkommen des Besitzers und seiner Familienmitglieder beruht. Es hält denselben fortgesetzt aufrecht, ohne den Boden den passendsten Händen zu entziehen. Eben so viel Besitz für so Viele wäre ohne Erbrecht gar nicht möglich. Diesen Privatbesitz in Collectivbesitz überzuführen, würde die thörichtste und großartigste „Enterbung" sein, die je in der Geschichte am „arbeitenden" Volk verübt worden ist, lediglich wegen des Neides von höchstens einer Million Industrieproletarier; die Confiskation durch progressive Erbschaftssteuern ist eine nicht minder verkehrte Maßregel. Die absolut gleiche Erbportion bei völliger Ungleichheit der Stellungen und Naturelle ist nicht blos kein Bedürfniß, sie würde die allgemeine Verarmung und Vergeudung bedeuten.

Bei voller Aufrechthaltung des Erbrechtes läßt sich gleichwohl auch den jetzt besitzlosen Proletariern Productionsmittel-Vermögen, hiemit Antheil an den Zuflüssen aus den Rentenquellen, Antheil an dem in Zinse, Miethen, Pachtgelder, Grundrenten aufgehenden Theil des Ertragswerthes der Nationalproduction, verschaffen. In den Zinsen der Sparkassengelder hat das sparende Proletariat bereits Antheil an den Rentenquellen. Nichts steht im Wege, vielmehr spricht sehr viel — namentlich die Bekämpfung des Mißbrauches der Verehlichungsfreiheit — dafür, daß alle jungen Leute ein Minimum ersparen müssen. Wenn die in Einführung begriffenen Versicherungskorporationen richtig organisirt werden, wenn sie die wünschenswerthen Deckungsfonde und ebensolche Reservefonde wirklich bilden, wenn sie und die Sparkassen alle nicht leichtfälligen Kapitale in Häusern und Grundstücken zur Nutzung durch die kleinen Leute anlegen und so einen Theil des Immobilienbesitzes der Nation — „collectiv", nur nicht socialdemokratisch — an sich ziehen, wenn diesen Korporationen etwa auch Antheile an den Dividenden der Actiengesellschaften zugewiesen würden, wenn in der Alters- und Krisenversicherung das schon empfohlene Sparprämiensystem nach dem bewährten Vorgang der englischen Lokalhülfskassen ausgebildet würde, so bekäme selbst das jetzige Proletariat theils individuell verfügbares („freies") Vermögen, theils Korporationsvermögen zur Sicherheit gegen Unglück, hiemit allgemeinen Antheil an den Rentenquellen, soweit das Bedürfniß reicht.

Daß der Bauer bei positiver Socialpolitik den größten Antheil an der Grundrente für sich und die Seinigen behalten kann, ist schon nachgewiesen[1]). Die productive Arbeit aller Schichten wäre daher wieder besitzend geworden. Die zwei großen Productivfactoren, privater Kapital- und privater Grundbesitz, wären aus dem Vertheilungsproblem allerdings nicht eliminirt, vielmehr wäre allen Producenten Antheil an dem Ertrage derselben wieder gegeben.

Und wohlgemerkt — ohne daß der verallgemeinerte Rentenbezug „Aussaugung" sein müßte und könnte.

Unmittelbar und mittelbar würde die Erniedrigung der Geld-, Mieth- und Pachtzinse erstrebt und ganz sicher erreicht werden. Die Maßregeln hiefür sind gegeben: die nachgewiesene Neubildung großer leihbarer und theilweise in Immobilien angelegter Korporationsvermögen, die privatrechtliche Ausschließung aller ewigen Renten- und Zinslasten bei allgemeinem Amortisirungszwang, die thunlichste Vermeidung bezw. starke außerordentliche Tilgung der Staatsschulden[2]), die körperschaftliche Organisation des Hypothekarkredites, die Bereithaltung von Schatzgeldern, welche wucherische Darlehen in kritischer Zeit und die daraus fließende Steuerknechtschaft des Volkes hindert. Das ordentliche Kapitalangebot würde so gewaltig vermehrt sein, die Nachfrage so vermindert, das wucherische Geld-, Pacht- und Miethwesen so eingeengt, daß ein niedriger Zinsfuß gesichert und die „Ausbeutung" fast ausgeschlossen wäre. Dazu käme ein Aktien- und Börsenrecht, welches die unreelle Renten- und Vermögensaneignung hindern würde. Dazu die straf- und privatrechtliche Verfolgung des Wuchers und der Waarenfälschung, eine moderne positivere Lebens-

---

1) Vergl. oben S. 72 f. und meine Schrift: „Die Inkorporation des Hypothekarkredites".

2) Vergl. meine Abhandlung „Zur Theorie der Deckung des Staatsbedarfes", Tüb. Ztschr. 1883 f., 3. Abschn.

mittelpolizei, die Ausschließung des Ratengeschäftsbetriebes, die ganze Handelspolizei und Verwandtes. Die Summe dieser Maßregeln würde im großen Ganzen die Ausbeutung aller Leihe, sowie des Handels verhindern. Dagegen würde Rentenbezug soweit aufrecht=
erhalten, als er zur verhältnißmäßigen Vergeltung social werthvoller Vermögensbeihülfen und zur voll gerechtfertigten, ja unentbehrlichen Existenzgrundlage von solchen Personen und Anstalten erforderlich ist, welche — wie die Wittwen und Unmündigen, die Hülfskassenmit=
glieder, die ungenügend besoldeten Beamten, die frei der Kunst und Wissenschaft obliegenden Talente, die Sparkassenmitglieder — anderes Einkommen als aus Arbeit durchaus benöthigen. Der Grundadel, wie der Geldadel bezöge aus seinem Besitz die Grund= und Geld=
rente, aber keine ausbeutende, sondern eine solche, welche bei dem socialen Werth der Aristokratie für den Schutz der Autorität im Ver=
fassungsleben, für die Offizierschaft eines zuverläßigen Heeres, für die Leitung und Entwickelung der socialen Production, für die Pflege der Kunst und seinen Sitte voll und ganz begründet erscheint. Zum Neid auf die noch übrigen Millionäre — selbst wenn einige Glücks=
pilze mitunterlaufen und ungewöhnlich viel Champagner trinken würden — wäre offenbar selbst für den verständigen Lohnarbeiter kein Grund mehr vorhanden.

Sonach ist die Verallgemeinerung des Privateigenthums, auch des Rente und Ertrag gebenden aber nicht ausbeutenden „Kapitals", wirklich möglich. Sicherlich wirkt dem Socialdemokratismus Nichts so sehr entgegen, als die Gefahr, daß beim Uebergang zu einem Ge=
sellschaftszustand, in welchem Alle Alles zusammen und Keiner Etwas für sich hätte, Alle Etwas und Jeder verhältnißmäßig viel zu ver=
lieren hätten. Deßhalb lieben die Socialdemokraten schon die Spar=
kassen nicht. Auch nicht einmal die allgemeine Arbeiterversicherung; obwohl bei deren Bestand die Hülfskassenpfennige nicht mehr Noth=
lohnzuschüsse genannt werden könnten, ist sie ihnen bis jetzt nicht bequem. Natürlich! Das Collectiveigenthum beglückt Niemanden, aber schon der kleinere, errungene, ererbte und vererbende Besitz bringt verhält=
nißmäßig so viel Zufriedenheit und subjective Beruhigung über die Zukunft, wie die Million für den Millionär, der keineswegs der glück=
lichste Mensch ist, wie wir von vielen unserer Millionäre wissen.

Sie erlassen mir, auf die Fortschritte im Sparkassenwesen näher einzugehen. Die Postsparkassen, die ich 1868 für Deutschland vertre=
ten und 1871 für Oesterreich vorgeschlagen, sind da. Die örtlichen Sparkassen saugen jetzt auch als Pfennigsparkassen die geringste Er=

sparniß markenweise auf. Die Schulsparkassen will ich nicht herab=
setzen, nur mögen sie nicht auf die Spitze der Erziehung zur Habsucht
und der Herabwürdigung armer Schulkinder übertrieben werden. Ich
beschränke mich darauf, noch zu bemerken, daß die Postsparkasse be=
reits eine große Collectiv=Einrichtung darstellt, und zwar eine von
nationaler, neuestens sogar schon von internationaler Spannweite, zu
Gunsten der umhergetriebensten Arbeitermassen; sie ist eine ganz
moderne Einrichtung und nützt der individuellen Freiheit, indem sie
die Freizügigkeit ihrer Kunden in mehr als Einer Hinsicht zur prak=
tischen Wahrheit macht. Jeder Sparkassenpfennig wirkt der Revolu=
tion bei den Proletariern selbst entgegen. Es giebt keinen besseren
Schutz der bestehenden Ordnung, als die Erhaltung und Ausbreitung
des Ertrag und Rente gebenden Privateigenthums, des „Kapitals",
über die ganze Producentenwelt durch Ersparung.

Weitere positive Aufgaben, die bessere Gütervertheilung betreffend,
sind im Bereiche der Besteuerung und der Wohlthätigkeit zu lösen.
Schon die Gegenseitigkeit der freiwilligen und der allgemeinen Ver=
sicherung stellt, wie ich oben nachwies, eine zweite, den Einkommens=
proceß ergänzende Zutheilung der Güter nach der wirklichen Be=
dürftigkeit dar. In der richtigen Besteuerung und in der Wohl=
thätigkeit kommt eine zweite und dritte Correctur hinzu, welche bei
tüchtiger Gestaltung unendlich mehr leistet, als die Socialdemokratie.

Ich bin, wie Sie wissen, der entschiedenste Anhänger eines Kerns
directer Staats= und Gemeinde=Steuern. Auch wünsche ich die Steuer=
politik nicht mit der Socialpolitik vermengt. Dieß hindert mich nicht,
nachzuweisen, daß auch eine rein aus dem finanziellen Interesse der
steuerberechtigten Gemeinschaften geschöpfte Politik der indirecten Ab=
gaben, der Verzehrungssteuern und der Gebühren, wesentliche Un=
gleichheiten in der privatwirthschaftlichen Einkommenszutheilung heben
und den Lohn=, Profit= und Rententenproceß ziemlich verbessern kann.
Auf diesem Gebiet — Sie kennen meine „Grundsätze der Steuer=
politik" — sind noch große Aufgaben zu lösen. Die indirekten Steuern
sollen hauptsächlich den entbehrlicheren Genuß treffen, in welchem
Jeder nach Art und Maß seine steuerliche Leistungsfähigkeit that=
sächlich bekennt; die bestehende indirecte Besteuerung aber trifft
Consume und Verkehrsvorgänge, welche auf keine besondere Steuer=
fähigkeit hinweisen und läßt andere unbelastet, welche eine sehr hohe
Steuerkraft bekunden. Außer der Erbschaftssteuer auf die großen
Vermögen, für die ich übrigens die „Progression" ablehne, ist hier
namentlich die Besteuerung des Luxusconsums aller Art zu nennen.

Ich zähle dazu, trotz den Gegenbehauptungen des Herrn Bebel, den Verbrauch von Tabak und die Getränkeverzehrung in jener übergroßen Ausdehnung, die diese vorläufig hat. Daß der kleine Mann an Tabak- und Getränkesteuer verhältnißmäßig mehr zahlt, kommt gar nicht in Betracht, sobald der Reiche verhältnißmäßig sonst mehr an indirekten und direkten Steuern zahlt. Das fade Gerede von der Doppel- und Tripelbesteuerung lasse ich mir nicht gefallen, es kommt darauf an, was im Ganzen von Jedem an Steuern getragen wird.

Auch die Wohnsteuer läßt sich steuertechnisch sehr wohl so ausgestalten, daß sie die leistungsfähigen Einkommen verhältnißmäßig trifft.

Ganz steuerfrei ist noch immer der maßlose Kleiderluxus, welcher von beiden Geschlechtern bis in die unteren Klassen herunter getrieben wird, ferner die Leckerei, weiter der Schmuck- und Zimmerluxus. Dieser Consum ist vielleicht so steuerfähig, wie die in Deutschland halb verschütteten Steuerquellen an Zucker, Tabak und Getränken zusammen. Dennoch erfaßt man ihn nicht.

Ist er unfaßbar? Man sagt es, aber es ist nicht richtig. Wenn man nur den Handel und die Fabrikanten ebenso zu Steuereinnehmern machen will, wie man die Zuckerfabrikanten, die Brennereien, die Brauereien und andere „Nebengewerbe" dazu gemacht hat, so ist dieser ganze ungeheuere Konsum steuerlich faßbar, und zwar durch das Mittel des procentualen Fabrikat- oder Verkaufsstempels auf Grund der Steuerbuchungspflicht zur Pauschalirung der Verkäufer aller besteuerten Luxusgegenstände und luxuriösen Güterformen. Freilich der Handel! Die Landwirthe machen wohl den Steuereinnehmer für den Staat. Aber wir sind vom Handel und von der Börse. Bauer, das ist ganz was anderes!

Natürlich will auch ich diese Steuerquelle nicht von heute auf morgen angebohrt sehen. Ihr Tag wird kommen mit der Staatsnothwendigkeit. Zu rechter Zeit in Angriff genommen, würde sie gestatten, den minder entbehrlichen Consum zu entlasten und direkte Steuern, sowie drückende Gebühren zu ermäßigen, den Proletariern, Bauern, Handwerkern, Kleinrentnern, niedrigen Beamten steuerlich gerecht zu werden.

Davon wollen die Socialdemokraten freilich Nichts wissen. Gar keine indirekten Steuern und Gebühren, direkte später auch nicht mehr, der Staat als einziger Collectivproducent nimmt in den öffentlichen Magazinen seinen Bedarf vorweg! Würde denn damit eine Besteuerung nach der Leistungsfähigkeit gewonnen? Mit Nichten.

Wer wenig arbeitet, trüge am wenigsten, wer viel, gut und fleißig arbeitet, trüge am meisten; die vom Staat in neuer Naturalsteuer=wirthschaft vorweg genommene Gütermasse wird ja von Jedem im Verhältniß der Ausdehnung, Tüchtigkeit und Treue geleisteter Arbeit mithervorgebracht, von einer Berücksichtigung der Leistungsfähigkeit wäre entfernt keine Rede. Die indirecten Abgaben dagegen auf den entbehrlichen Konsum geworfen, würden die bedrängten Steuerkräfte am meisten entlasten, also im Interesse der industriellen Lohnarbeiter liegen. Statt dessen predigt man die Abschaffung der indirecten Steuern schlechtweg. Der Tag wird kommen, an welchem den jetzigen Heerschaaren der Socialdemokratie ein Licht über diese Verirrung aufgehen wird.

Wie die Besteuerung sind die Wohlthätigkeit und die Armenpflege noch vieler Verbesserung fähig. Auch in der Wohlthätigkeit, der privaten und der öffentlichen, liegt eine Correctur des privatwirthschaftlichen Einkommensprocesses nach dem Bedürfniß. Dieser edle Communismus, welcher seinen festesten Stützpunkt am Christenthum hat, würde mit dem letzteren vom Socialdemokratismus rasirt werden. Ein Volks=staat von Materialisten wird die Elenden entweder darben lassen müssen — den idealen Trost schätzt er überhaupt nicht — oder er wird von den mitsouveränen Simulanten ausgefressen werden. Nicht die Abschaffung der privaten und der öffentlichen Wohlthätigkeit, son=dern ihre Veredlung, Steigerung und Verinnerlichung ist Bedürfniß. Die Zeit ist — Dank den christlichen Kirchen, den wohlthätigen Vereinen und humanen Leuten — vollauf an diesem Werke. Auch an diesen positiven Werken werden die Hoffnungen der Socialdemokratie zu Schanden werden.

Eine vierte und allumfassende Unteraustheilung des Einkommens nach Verhältniß der Bedürftigkeit, und wie bei der Gegenseitigkeit und Wohlthätigkeit nicht blos des Einkommens sondern der beglückenden idealen und persönlichen Güter — findet statt in der Familie, im Ver=hältniß zwischen Gatten, Eltern und Kindern. Leicht die Hälfte alles Lebensglückes der Menschen beruht hierauf. Die Socialdemokratie bedroht und lockert diese allgemeine, unerschütterliche, im Blute liegende Brüderlichkeit, welche für eine volkbeglückende Lösung auch der Ver=theilungsfrage entscheidend ist. Der Widersinn kann kaum weiter ge=trieben werden. Dennoch behaupte ich nicht, daß das Familienleben schon heute vollkommen sei und je eine Ausnahme bilden werde von der Unvollkommenheit der menschlichen Dinge. Dagegen ist es der positiven Vervollkommnung ohne modernen Hetärismus fähig. Die

Kinder bedürfen des Schutzes gegen den Mißbrauch gewissenloser Eltern und gegen Verkümmerung von der Wiege an. Die Frauen bedürfen als Lohnarbeiterinnen besonderen Schutz. Ganze Massen von Weibern sind noch überbürdet und mit Arbeiten beladen, welche den Maschinen zuzuwälzen ist. Den Müttern und Hausfrauen kann durch Krippen, Kindergärten, Diakonisseninstitute, Krankenhäuser und Arbeitsunterricht in der Schule noch viel Last abgenommen werden. Die Wittwen und Waisen können allgemeine Versicherung finden. Die nicht zur Ehe gelangenden Frauen bedürfen des Schutzes und einer befriedigenden Beschäftigung in den der weiblichen Natur entsprechenden Arbeitszweigen. Allein der moderne Hetärismus würde in alledem keine Hülfe bringen, während die positive Socialreform vielfach helfen kann und in den genannten unserer Zeit eigenthümlichen Bestrebungen zu helfen wirklich schon im Begriffe steht. Uebrigens sind die Frauen des Proletariates nicht allein der Hülfe bedürftig. Im Handwerk und in der kleinen Landwirthschaft findet sich wohl mehr und härtere Belastung als bei den Proletarierinnen und an den Wohnungen und Erholungen der Erwachsenen in Stadt und Land ist noch mehr zu thun, als durch die Krippen und Feriencolonien für die Kinder des Proletariates geschieht. Es ist nicht abzusehen, weßhalb hier nicht wenigstens allmälig Hülfe kommen sollte.

Damit glaube ich über die Socialreform, soweit es die bessere Vertheilung der Güter, Lasten und Genüsse gilt, hinreichend positiv gewesen zu sein. Bei allen im letzten Brief dargelegten Hauptstücken des socialdemokratischen Katechismus läßt sich mittelst geschichtlicher Weiterbildung der bestehenden Gesellschaft offenbar mehr leisten oder vielmehr nur so überhaupt Etwas leisten, und zwar im Interesse aller productiven Arbeit, nicht blos der großindustriellen Lohnarbeit. Dennoch will ich nicht verhehlen, daß selbst mit der ganzen Fülle der schon angegebenen Maßregeln die mögliche und nöthige Socialreform nicht einmal für das Gebiet der Volkswirthschaft erschöpft wäre.

Zunächst habe ich noch Einiges über die bestehenden Leih-, Pacht- und Kredit-Verhältnisse zu sagen. Hier liegen die eigentlichen Nester der „Ausbeutung" und der anstößigen Bereicherung. Es ist freilich schon sehr viel gewonnen, wenn der Zinsfuß herabgeht; 1 Prozent weniger auf 5 schmälert die Rentenbezüge um 20 Procent, die Arbeit behält mehr von ihrem Ertrage und es können viel Wenigere faulenzen. Allein Alles ist damit nicht gethan. Eine große Aufgabe liegt darin, den productiven Betriebskredit nicht vom unproductiven „Besitzkredit", der in der Kaufs- und Erbabfindungs-Ueberschuldung liegt, überwuchern

zu lassen und den Wucher aus dem ganzen Bereich des Hypothekar=
und des Personalkredits, ja noch mehr auch aus dem Bereich des
Pacht= und Miethwesens auszuschließen, ohne die Freiheit der Be=
wegung zu hemmen und ohne den Kredit überhaupt abzuschaffen, was
die reine Thorheit wäre. In meiner „Incorporation des Hypothekar=
kredites" ist ein Weg bezeichnet, der zu diesem Ziele führt. Die dort
angegebenen Mittel können auch für den städtischen Immobiliar=
kredit einigermaßen in Anwendung gebracht werden; sie könnten hier
durch allmälige Ausdehnung des Kommunaleigenthums an Werk= und
Verkaufsstätten ergänzt werden, eine Maßregel, welche auch im
Interesse verbesserter Victualienbesorgung läge. Ohne die Einschrän=
kung des Besitzkredites und ohne Zurückdrängung der Besitzkreditzinsen
kann die productive Arbeit nicht zu jener Bereicherung der Betriebs=
mittel gelangen, ohne welche sie der überseeischen Concurrenz gegen=
über zu unterliegen droht.

Noch weit mehr Reformen haben der Handel, die Börse und das
Marktwesen nöthig, wenn der socialdemokratischen „Kritik" ihr Stachel
genommen werden will.

Ich will mich bei der Börse nicht lange aufhalten. Eine Haupt=
ursache der Corruption, in der Actienspeculation nistend, darf mit der
Behandlung, welche das Gründer= und Verwaltungsrathswesen im
neuesten deutschen Actiengesetz gefunden hat, als ausreichend und im
Ganzen glücklich bekämpft angesehen werden. Die entschiedene Ein=
schränkung unproductiver und untilgbarer Staats=, Gesellschafts= und
Privatschulden durch die schon betonten Finanzreformen wird dem
Börsenunfug des Weiteren viel Material entziehen.

Zahlreiche Reformen bedarf der Verkehr in Grundstücken, Diensten
und Waaren; was die letzteren betrifft, namentlich in den Massen=
Verzehrungsgegenständen.

Vor Allem sei bemerkt, daß die ganz entschiedene Richtung auf
Großbetrieb, welche der Detailhandel angenommen hat, eine beson=
dere Fürsorge für die Lohnarbeiter des Handels begründet; ich sehe
keinen Grund ab, weßhalb die Heerschaaren der Detailreisenden, welche
uns die Schwelle ablaufen, nicht ebenso wie die Fabrikarbeiter, dem
Versicherungszwang seinem ganzen Umfange nach unterworfen werden
sollten. Die Arbeitgeber wären eben hier ganz besonders beitrags=
fähig.

Die landwirthschaftlichen Immobiliarwerthe dürfen zwar dem
Verkehr nicht entzogen werden, sind aber in der Hauptsache für den
bäuerlichen Betrieb, welcher in Oesterreich wie in Deutschland so

glücklich erhalten geblieben ist, nach dem ganzen jetzigen Umfange zu retten, also dem freien Güterschacher und der Auffaugung zu Latifundien zu entziehen. Durch körperschaftliche Organisation des Hypothekarkredites und des Besitzwechsels läßt sich dieß in vollkommen wucherfreier Weise erreichen, wie Sie aus meiner Schrift ersehen haben. Der Grundbesitz ist das größte und wichtigste Stück des Nationalvermögens. Sein gesellschaftlicher Beruf soll — unbeschadet der nothwendigen Verkehrsbewegung — in aller Freiheit körperschaftlich wohl gehütet werden. Schon eine neue Subhastationsordnung, wie sie Preußen eben gegeben hat, hindert in etwas jene Zwangsverkäufe und Schleuderpreise, welche bis jetzt von Inhabern der Nachhypotheken herbeigeführt worden sind.

Der Verkehr in persönlichen Dienstleistungen kann vielfach durch Verbesserung des Diensttagwesens anders geregelt werden. Doch halte ich mich hiebei nicht auf. Ebensowenig bei der Reform des Submissionswesens, welche so eben von der preußischen Regierung in verdienstlicher Weise angefaßt worden ist.

Den Waarenhandel betreffend sind bereits werthvolle strafrechtliche Reformen zur Abwehr der Waarenfälschung erfolgt; gehe man nach Bedarf weiter! Das Wichtigste ist, die Unterhaltsmittel, sowie die nothwendigen Kleidungs- und Haushaltungsstücke des gemeinen Volkes dem Wucher zu entziehen.

Die Verkäufe in Raten sind ein Hauptmittel der Verführung zu unnöthigen Ausgaben an den Wucherer. Da jeder ordentliche Mensch entweder das Nöthige sparen kann, um baar auf einmal zu zahlen, oder so arm ist, um schon der öffentlichen Armenpflege anzugehören, so verpöne man diese Art von Geschäftsschlüssen oder erkläre sie unklagbar.

Die nothwendigen Haushaltungs- und Kleidungsstücke seien unverpfändbar und gerichtlich unpfändbar, der Trödelverkehr darin nur zum Satze eines öffentlichen Taxationsorganes klagbar!

Die Concurrenz der Consumvereine und der Volksküchen ist nicht blos nicht zu hindern, sondern zu begünstigen. Die Gemeinden seien ermächtigt und ermuntert, gegen das Coalitionsmonopol, welches die Fleischer und Bäcker selbst in Weltstädten handhaben, direct oder durch Unterstützung gemeinnütziger Vereine in Concurrenz zu treten. Mit Recht ist jeder Proletarier indignirt, wenn er von einem Sinken der Weizenpreise hört, das den Bauern ruinirt, während die Brodpreise niemals sinken wollen. Der Detailhandel — Lexis[1]) hat es in

---

1) In „Schönberg's Handbuch".

klaſſiſcher Weiſe nachgewieſen — iſt es, welcher am meiſten verſchluckt, ohne doch — bei ſeiner Ueberſetztheit und bei ſeinem Betrieb in über=
zahlten Miethlokalen — ſelbſt fett werden zu können. Hier muß Wandel geſchafft werden, wenigſtens ſo weit es die einfachen Quali=
täten und die wenigen Objekte des Maſſenverbrauches betrifft, durch Concurrenz von Gemeinde= und Vereinsanſtalten, nöthigenfalls durch Einſchränkung der Verkaufsſtellen und durch gemeindliche Erwerbung der letzteren, ohne welche Maßregeln ein zeitgemäßes Taxweſen nicht ausführbar ſein dürfte.

Das große Transport=, Verkehrs= und Communicationsweſen iſt ſchon großentheils verſtaatlicht und communaliſirt, unmittelbar und mittelbar. Es zeigt, was bei autoritärer Organiſation auch die an=
ſtaltliche Collectivwirthſchaft zu leiſten vermag. Ausreichende Beſol=
dung und Berufswohnung können dem ganzen Perſonal der öffent=
lichen Verkehrsanſtalten geſichert werden. Die Bedienſteten der Pri=
vattransportgewerbe ſind dem Verſicherungszwang wie die Induſtrie=
arbeiter zu unterwerfen.

Die größte Aufgabe, welche auf dieſem Felde zu löſen iſt, liegt im Bereich des Tarifweſens: die gegen die heimiſche Landwirthſchaft ſelbſtmörderiſche Begünſtigung des Diſtanz= und Maſſentransportes fremder Produkte auf Koſten des Nähe= und Stückguttransportes kann wenigſtens im jetzigen Maße nicht fortdauern. Genoſſenſchaftliche und kommunale Concentration der Verfrachtung, Sortirung, Verla=
dung muß einer hier Wandel ſchaffenden Tarifpolitik entgegenkommen.

Damit verlaſſe ich endlich das Gebiet der Volkswirthſchaft. Wenn auch in Umriſſen glaube ich eine Fülle möglicher, allmälig einführbarer poſitiver Socialreform vorgetragen zu haben.

Die poſitiven Aufgaben reichen jedoch noch weiter!

Die Reform des Familienrechtes habe ich bereits geſtreift. Man vergeſſe nicht, daß auch an der Familie Manches faul iſt. Faule und liederliche Mitglieder ſaugen, unterſtützt von weichlicher Moral, am Marke faſt jeder Familie. Eltern mißbrauchen ihre Kinder zum Bettel und zu Schlimmerem, ſo daß die Niedertracht und Verkom=
menheit erblich wird, ohne daß im Rechte genügende Handhaben da=
gegen gegeben ſind. Die Frauen und Unerwachſenen entbehrten zu lange des Schutzes, welcher ihnen jetzt von der Arbeitspolizei allmälig zu=
gewendet wird. Die uneheliche Vaterſchaft der güldenen Jugend wird privatrechtlich nicht mit dem nöthigen Nachdruck abgewandelt; es wäre gar nicht nöthig, daß die Entſchädigung über den Nothbedarf hinaus der leichtſinnigen Mutter zukäme. Die arbeitende Frau iſt mit Haus=

diensten belastet, welche von großen Wasch- und Speiseanstalten viel besser besorgt werden können. Dieß und Anderes muß man im Auge behalten, wenn man den collectivistischen Individualismus der „freien Liebe" hohnlachend abweisen will. Die Abweisung wird sicherlich gelingen; nicht fünf Procent der Proletarierinnen würden für die Lockerung des Ehe- und Familienbandes stimmen, welches der Mehrheit menschlicher Individuen den Schutz und die Fürsorge der Erwachsenen des starken Geschlechtes sichert und weit mehr schon leistet, als der Socialdemokratismus versprechen kann.

In der Pädagogik bin ich viel zu sehr Laie, um der Versuchung nicht zu widerstehen, Ihnen die Hauptsteckenpferde der zeitgenössischen Schulmänner vorzureiten. Ich würde Gefahr laufen, auf die Nase zu fallen. Doch darf ich sagen, mit den betreffenden Bestrebungen seit Jahren mich so weit genauer bekannt gemacht zu haben, als nöthig ist, um wenigstens in den das volkswirthschaftliche Gebiet streifenden Fragen Einiges besprechen zu dürfen, was in diesem Briefwechsel nicht unberührt bleiben darf.

Glückbringend und volkswirthschaftlich fruchtbar ist nicht der gleiche, sondern der jeder Individualität gerechte, nicht der lehrhafte, sondern der für das Leben bildende, nicht der blos den Verstand sondern der auch das Herz veredelnde Unterricht. Die eigentliche Quelle des Massenelendes ist die Sklaverei der Trägheit, des Schlendrians, des Kastensinnes und des Klebens an der Scholle. Davon muß jede neue Generation durch die Erziehung, wie durch das Recht und die Mittel der freien Berufswahl und Freizügigkeit, in erster Linie befreit werden; der untersinkende Theil der hausindustriellen, handwerklichen, kleinbäuerlichen Bevölkerung ist hauptsächlich auf diesem Wege zu retten.

Selbstverständlich kann dieß nur durch das Zusammenwirken verschiedener erzieherischer Maßregeln bewirkt werden. Nur wenige will ich andeuten.

Wir haben schon den Fröbel'schen Kindergarten; kann er nicht verallgemeinert werden? Wir sehen in Frankreich durch das neueste Volksschulgesetz den Kindergarten erweitert zu einem Arbeitsunterricht für die ganze Schulzeit; werden wir nicht bald nachfolgen müssen? Es handelt sich gar nicht darum, „Schulmanufacturen" und „Schulfabriken" zu errichten, welche den Erwachsenen noch mehr Concurrenz machen. Nur um die Erweiterung durch eine Art praktischer Gymnastik ohne Beeinträchtigung der bisherigen Lehraufgaben handelt es sich; die allgemeinsten Handgriffe der praktischen Arbeit, einfachstes Modelliren u. dergl. können von Lehrern und Kindern sehr wohl angeeignet und von den letzteren als Erholung betrieben werden. Die technische Individualität zeigt sich dann bald; die Liebe zur Arbeit verbreitet sich; das Streben über das Hergebrachte und den Schlendrian hinaus wird allgemein; Körper und Geist, am Geist nicht blos Verstand und Gedächtniß, sondern Gemüth und Wille, werden erheblich höher ausgebildet. Das Arbeitenlernen, welches in Haus und Hof der Eltern Vielen eben nicht mehr möglich ist, wird ohne Eingriff in Elternrechte und Elternpflichten, jedem Kinde gesichert. Die junge Generation wird beweglicher und überwindet die ärgste aller Abhängigkeiten, die Knechtschaft des Schlendrians, der Kaste und der Schollenkleberei. Ein Blick in die pädagogische Literatur zeigt, daß auch nach dieser Seite der Fortschritt schon durchzubrechen beginnt.

Die Privatpensionate mißbrauchen die elterliche Liebe bis zur Beutelschneiderei und sind den ärmeren, bildungsbedürftigsten Mädchen verschlossen. In öffentlichen Bildungs= und Erziehungsanstalten fänden viele Weiber von höherer Bildung, welche keine Verheirathung erlangen, eine für Lebenszeit gesicherte und geachtete Stellung und noch mehrere könnten zu den ihrer Bildung und dem weiblichen Gemüth entsprechenden Stellungen erzogen werden, zu den Stellungen namentlich in der Volkserziehung selbst.

Das Erziehungswesen ragt mit mächtigem Einfluß direct in die Reform sogar der Einkommensfragen herein. Ich will nicht zum tausendsten Male die allgemeine Volksbildung preisen; auch ihr materieller Werth wird von Niemanden bestritten. Nur glaube man nicht, daß „Volksbildung" allein die Socialdemokratie besiegen könne; zu viele überbildete und nicht verwendbare Arbeiter sind dem Socialdemokratismus sogar günstig; dieser kann sich überhaupt nur weit ausbreiten, wo Alles lesen und schreiben kann, und ist deßhalb in Deutschland möglich gewesen. Die ganze Fülle der andern positiven Maßregeln muß hinzukommen. Dazu gehört meines Erachtens eine noch nicht genügend verwerthete Maßregel der Erziehungspolitik.

Die Socialdemokratie hofft vom Zukunftsstaat unter Anderem, daß jeder „studiren" könne. Die Gleichheit verlange es. Die Gleichheit verlangt nur — und das Volkswohl ist dabei interessirt —, daß die hervorragendsten Proletarierkinder in der Bildung ebenso hoch aufsteigen können, wie die hervorragendsten Kinder der Reichen. Giebt es hiezu ein Mittel und dient dieses Mittel zur Bekämpfung der Socialdemokratie? In der That! Die Kirche, die Schule und die Armee haben längst aus dem Volk die besten Köpfe zu Priestern, Lehrern und Officieren dadurch gewonnen, daß man in Koncursprüfungen

— ich erinnere nur an die Klosterschulen, die Lehrerseminare, Ka=
dettenhäuser — die tüchtigsten Jungen zur Ausbildung auf öffentliche
Kosten herausliest. Man braucht diese Kirchen=, Schul= und Militär=
politik nur zu verallgemeinern. Indem man in allen Berufen, nament=
lich den technischen Fächern, eine gewisse Zahl von Freistellen für die im
allgemeinen Koncurs bewährtesten Knaben und Jünglinge sicher stellt,
vermeidet man die berechtigte Unzufriedenheit armer Eltern und her=
vorragender Proletarier, man verhindert Halbbildung durch Voll=
bildung, stellt Jedem die Leiter zum Aufsteigen auf die höchsten
Sprossen der socialen Rangordnung bereit, und raubt der Unzufrieden=
heit die fähigsten Führer. Mit alledem bekämpft man wirklich die
Socialdemokratie, indem man eine ganz berechtigte Gleichheitsforde=
rung erfüllt. Die allgemeine Universitätsbildung der Proletarier da=
gegen wäre nicht blos unerschwinglich, was „Socialzeit" und Geld an=
belangt, sondern das größte Unglück für „das Volk". Sie bedeutet
geradezu die Unregierbarkeit des „Socialstaates", besonders für ein
so doctrinäres Volk, wie die Deutschen sind.

Antheil an den Aufgaben der Socialreform haben auch die Presse
und die Volksliteratur. Die Preßfreiheit, welche wir dem Liberalis=
mus verdanken, braucht nicht geopfert zu werden, um des Socialis=
mus Meister zu werden. Der Mißbrauch der Presse zur Demagogie
wird ohne Fesselung der Kritik, auch ohne das Lassalle'sche Monopol
der Inseratenveröffentlichung, welches wenigstens eine socialpolitische
Nothwendigkeit nicht ist, ganz von selbst ein Ende finden, sobald die
Wählerhaufen ihrer Masse nach wieder aus Individuen bestehen, die
den Umsturz nicht wollen und in der Verwaltung der neuen „Kor=
porationen" lernen, was möglich und was ihr Nutzen ist. Diese
Massen werden alsdann die demagogische Kost, welche ihnen gereicht
wird, ablehnen. Die Presse und Volksliteratur werden selbst genöthigt
sein, der vernünftigen Socialreform zu dienen und aufhören, den,
allem Materialismus überlegenen Glauben des Volkes, worauf die
Sicherheit auch der „Juden" beruht, zu erschüttern.

Die Geselligkeit ist schon jetzt den arbeitenden Klassen nicht ver=
kümmert. Der „Socialstaat" kann nicht mehr leisten, als das —
dem „ehernen Lohngesetz" zum Trotz!! — üppig wuchernde gesellige
Vereinswesen bereits bietet. Mehr wäre vom Uebel. Die berufliche
Versicherungsgenossenschaft bietet übrigens eine weitere gesunde Grund=
lage. Die Staatsfürsorge wird in dieser Hinsicht wohl selbst von den
Proletariern nicht als Bedürfniß empfunden. Praktisch ist die Mög=

lichkeit edler Geselligkeit wieder eine Frage der verhältnißmäßigen Einkommensvertheilung, wovon genügend die Rede war.

Der Kunst und des kunstgewerblichen Unterrichtes haben sich der Staat und die Gemeinden bereits sehr einläßlich angenommen. Ich will davon nicht weiter reden. Wenn außerdem noch reiche Privatleute übrig bleiben, von welchen die Kunstproducte gekauft werden, so ist dies nur gut. Ein geordneter „Kapitalismus" frommt der Kunst. Der Staat braucht darum nicht unästhetisch zu bleiben. Die Güter des Massenkonsums haben an Schönheit schon unendlich gewonnen.

Im Staate ist die productive Masse der Bevölkerung lange nicht mehr so unterdrückt, wie sie es war. Dennoch wird man anerkennen müssen, daß sie die richtige Stellung im Staate kaum schon gefunden hat. In den wirthschaftlichen „Kammern", welche die Staatsverwaltung berathen und beeinflussen, sind bislang der Bauernstand und das Handwerk sehr ungenügend vertreten gewesen; die Lohnarbeiterschaft ist es noch jetzt gar nicht. Selbst das allgemeine Stimmrecht ohne Diäten hat nur die besitzenden Klassen, die Zeit und Geld genug haben, namentlich den Grundadel und die Landgentry, zu starkem Einfluß erhoben; dem Proletariat, welches seinen Führern insgeheim Diäten giebt, hat es erstmals zu directer Vertretung verholfen; der Handwerker- und der Bauernstand ist dagegen auch in den Reichs- und Landtagen ungenügend vertreten. In dem rein berathenden Staatsrathe, welchen ich für eine nothwendige Einrichtung einer kräftigen Monarchie und einer überlegten Gesetzgebung gerne anerkenne, sollte die Masse der productiven Arbeit ebenfalls hinreichend vertreten sein. Auf allen drei Gebieten werden — namentlich in Deutschland — verfassungspolitische Reformen auf die Dauer unumgänglich sein, um begründete Klagen über Unfreiheit und Ungleichheit bei Seite zu schaffen und den Gefahren des allgemeinen Stimmrechtes Dämme entgegenzusetzen.

Die Beschränkung und polizeiliche Verkümmerung des Wahlrechtes der Proletarier selbst zählt nicht zu den wirksamen Schutzvorkehrungen gegen die Socialdemokratie. Die Beseitigung des Wahlrechtes der kleinen Leute wäre eine freiheits- und gleichheitswidrige Maßregel, welche den Staat und seine Macht der nothwendigen Resonanz beraubt, die er im Herzen des Geringsten nöthig hat. In Deutschland hielte ich die Abschaffung des allgemeinen Stimmrechtes für einen schweren Fehler, welcher nur an den Kulturkampfgesetzen seinesgleichen fände. Das allgemeine Stimmrecht ist in die Entstehungsgeschichte des deutschen Reiches verwachsen. Es war der Ge-

genzug gegen den liberalen Parlamentarismus der s.g. Conflictsperiode, in welcher Bismarck und Roon die Macht des Königthums vertheidigt haben; die Abschaffung des Wahlrechtes der Proletarier würde die königische Macht nicht stärken, sondern schwächen und dem Kapital die politische Macht geben. Die gleichwägende Gerechtigkeit gegen alle Interessen, die Verhinderung kapitalistischen wie proletarischen Klassenregiments, macht die Aufgabe und Stärke der Monarchie aus; dieselbe kann sich nur bewähren, wenn die widersprechenden Interessen sämmtlich hörbar und vertreten sind.

Das allgemeine Stimmrecht ist mindestens nicht schlechter als irgend ein Censuswahlsystem. Unrichtig ist es, daß dasselbe nivellire und Ausfluß einer individualistisch falschen Gleichheit sei. Das allgemeine Stimmrecht unterdrückt — zumal bei Diätenlosigkeit — die Führerschaft der Besitzenden und der Gebildeten nicht, wie jede Wahl beweist; das Wählen in so königischen Reichen, wie es Deutschland und Oesterreich sind und bleiben werden, hat — ich wiederhole es — gar nicht die Bedeutung, einen dirigirenden „Volkswillen" zu liefern, sondern die Bedürfnisse und Sympathieen des Volkes dem Staate entgegenzubringen, unabhängige Organe für die Mitentscheidung derjenigen Entschließungen zu liefern, welche aus der Vereinbarung für die Regel besser hervorgehen, als aus dem absoluten Belieben des Monarchen und seiner Minister. Die einzige Einschränkung, die ich für discutirbar halte, ist die Begrenzung des Stimmrechtes durch das erreichte achtundzwanzigste oder dreißigste Lebensjahr. Das jüngere Alter ist für die durch das Wählen zu treffenden Entscheidungen nicht reif, wie schon Aristoteles bemerkt hat, und es ist nicht gut, die jungen Leute in die Wahlagitation zu ziehen, ehe die Militärdienstzeit in der Hauptsache vorüber ist. Die frühe Jugend hauptsächlich hat jenen Optimismus, der an den „Idealstaat", den liberalen wie den socialistischen, glaubt.

Man kann allerdings dem Proletariat auch auf andere Weise eine Vertretung geben, z. B. indem man die Arbeiter in den Vorständen der in Bildung begriffenen gesetzlichen Genossenschaften die Wahl von einigen Vertretern vornehmen und durch diese Genossenschaften Diäten zahlen ließe. Auf ähnliche Weise könnte der Handwerker- und Gewerbestand die ihm jetzt fehlende Vertretung finden. Man könnte überhaupt eine neuständische Volksvertretung im Maße der fortschreitenden Socialreform zur Noth auf die Beine bringen, ausschließend oder als Zusatz zur Vertretung aus allgemeinem Stimmrecht, und müßte ersteres gerechter Weise thun, wenn man das letztere beseitigen wollte. Dennoch empfiehlt sich dieß meines Erachtens nicht. Die Hauptsache ist, daß überhaupt gut gewählt wird, und daß gut gewählt wird unter den rein staatlichen Gesichtspunkten, für deren Wahrnehmung die Wahl Organe bestellen soll. Dieß geschieht, sobald die Aufgaben der positiven Socialpolitik allgemeiner begriffen sind, sobald Jeder täglich in seinem Genossenschaftsverband und nicht blos gelegentlich aus Wahlreden und Hetzartikeln seine wahren und praktischen Interessen kennen, herausfinden lernt, auch bei directem und allgemeinem Wahlrecht. Dieß ist um so bedeutsamer, als dann unter rein staatlichem Gesichtspunkt in den Reichstag, in die Genossenschaften aber aus socialen Gesichtspunkten gewählt würde, beides zum großen Vortheil der Sache [1]).

Eine ganz andere Frage ist es, ob nicht in jedem Falle in den Staatsrath und in eine erste Kammer Mitglieder der Versicherungsgenossenschaften, der Handwerks= und der Ackerbau=Vertretungen — gewählte oder vom Kaiser und den Regierungen ernannte — gezogen werden sollen. Diese Frage möchte ich im Interesse der Gerechtigkeit und Gleichheit, wie zur Stützung der königlichen Gewalt dem Andrange des kapitalistischen Parlamentarismus gegenüber, bezüglich des Staatsrathes bejahen. Desgleichen und aus demselben Gesichtspunkt würde sich die Beiziehung derselben Elemente in ein etwaiges Oberhaus oder im Falle der Gewährung von Diäten selbst in den Einkammer= Reichstag empfehlen. Das wäre eine starke Schutzwehr gegen „parlamentarische" Klassenherrschaft, eine Vertretung des Proletariates ohne die Gefahren und Wühlereien des Socialdemokratismus. Ob Diäten im deutschen Reichstag gegeben und die obigen Gegengewichte dagegen wirklich angebracht werden sollen oder nicht, ist eine Frage, die nicht in diesen Briefwechsel gehört. Ich hatte nur die Möglichkeit nachzuweisen, daß das Proletariat direct vertreten sein kann, auch ohne allgemeines Stimmrecht und ohne die Gefährdung der Ordnung.

In keinem Falle bedarf es einer Antastung der konstitutionellen Mitwirkung des Volkes durch Vertretung der Regierung gegenüber. Man richte die Volksvertretung besser ein und schaffe in der Verfassung Gegengewichte gegen die Versuchungen des allgemeinen Wahlrechtes, man verachte aber nicht schlechtweg die Wahlmehrheiten.

Die „Mehrheit" darf nicht über=, sie darf aber auch nicht unterschätzt werden.

Die „Mehrheit" hat nicht dadurch Anspruch auf Beachtung, daß

---

1) Vergl. meine „Incorporation des Hypoth.=Kredits".

sie der „Volkswille" ist; denn sie ist nur der ungefähre Durchschnitts=
wille der Mehrheitsindividuen, welcher durch Meinungsverzichte fast
aller dieser Individuen unter dem Ach und Krach der Wahlkompromiße
für den Wahltag unter Aufrührung aller Leidenschaften in eine gemein=
same Strömung versetzt ist. Die Mehrheit muß man dennoch gelten
lassen; denn sie ist die thatsächlich stärkere Strömung des wogenden
Meeres der Leidenschaften und Bestrebungen im Volk, sie bedeutet
eine Macht, mit welcher man rechnen muß, wenn die Regierungs= und
Gesetzgebungsorgane selbst die Macht für ihre Aufgabe behaupten
und gewinnen sollen. Es ist das „Recht des Stärkeren", welches
auch da sich nicht ablehnen läßt. Nur desto mehr müssen in der Or=
ganisation der einheitlichen Willens= und Machtäußerung der Nation,
d. h. in der Staatsverfassung, Gegengewichte angebracht und Dämme
aufgerichtet sein, damit das schädliche Uebermaß der Wahlströmmungen
sich breche und damit nicht jeden Augenblick der Umschlag in die ent=
gegengesetzte Strömung das Geschaffene immer wieder wegschwemme.
Wäre der Mehrheitswille „Volkswille" — gar jener schlechthin ver=
ständige und gute Volkswille der Schmeichler des vielköpfigen Sou=
veräns — so müßte sich ihm freilich Alles beugen, parlamentarische
Mehrheitsregierung wäre dann allein berechtigt. Es giebt aber keinen
„Volkswillen", und der „Mehrheitswille" ist nur eine annähernd ein=
heitliche, die wildbewegte, nicht gleichmäßige Strömung einer Mehrheit
der Wähler, die stets eine Minderheit nach der Volkszahl ist, und
auch dieß nur für den Wahltag. Man mag es bedauern, daß auch
der Kultus des Volks=, bezw. Mehrheitswillens ein abergläubischer
Götzendienst ist. Aber er ist es. Mit dem Einfluß der Mehrheit
und mit dem allgemeinen Stimmrecht wäre es traurig bestellt, wenn
sie mit diesem Aberglauben ständen und fielen.

Die staatlichen Reformen im Steuer= und Finanzwesen, welche den
Socialismus überwinden helfen, habe ich in anderem Zusammenhang
bereits bezeichnet.

In der Sicherheitspolizei sind gegen die Mordbrenner des An=
archismus alle wirksamen Waffen, welche ehrlichen Leuten nicht wehe
thun, ungescheut anzuwenden, selbst die Suspendirung des postalischen
Briefgeheimnisses und des Geschworenengerichts, das in Klassen=
kämpfen weder unparteiisch noch furchtlos ist. Dagegen bezweifle ich,
ob die beliebten Mittel des deutschen „Ausnahmsgesetzes" sämmtlich
Waffen der bezeichneten Art sind.

Nicht als ob ich mich vor dem bösen Namen „Ausnahmsgesetz"
fürchten würde. Ausnahmsgesetze gegen die Bestrebungen des Um=

sturzes und gegen die wühlerische Vorbereitung des letzteren sind ganz gerechtfertigt, wenn sie den Unschuldigen nicht vogelfrei machen und nicht einer schlechten Sache die Gloriole des Märtyrerthums verschaffen. Alle Polizei- und Kriminalthätigkeit ist Krieg gegen die Feinde der Gesellschaft, jede wirksame Waffe ist gegen die grundstürzende Revolution und schon gegen die Bearbeitung der Massen für dieselbe berechtigt. Sind denn aber die Waffen des deutschen Socialistengesetzes durchaus wirksam? Nützen sie nicht vielleicht der Socialdemokratie mehr, als sie derselben schaden? Hindern sie nicht die Auflösung der Socialdemokratie von innen heraus? Verhängen sie nicht über Unschuldige und deren Familien ein Uebermaß von Uebeln? Diese Fragen vermag ich nicht zu verneinen.

Bedarf es denn zur Erreichung der Ruhe, zur Erhaltung der Ordnung, zur Verhinderung von Versammlungen, Demonstrationen und Hetzschriften, in welchen die Volksmassen nicht belehrt, sondern aufgewühlt und zur Revolutionsarmee gedrillt werden, des Ausnahmegesetzes? Reicht das verschärfte gemeine Straf- und Polizeirecht hiezu nicht aus? Wer immer in revolutionärer Absicht gegen die Grundlagen der bestehenden Gesellschaftsordnung sich auflehnt, verfalle der Strenge des Gesetzes. Die „Freiheit" der Aufwühlung gebührt Niemanden, dem Altkonservativen, Liberalen und Antisemiten so wenig, als dem Socialdemokraten und Anarchisten.

Daneben schadet die Ausweisung der Führer, die Vernichtung ihres Erwerbs und ihres Familienglückes, der bestehenden Gesellschaft sicherlich weit mehr, als sie nützt. Selbst wenn man der Meinung ist, daß die Demagogie, die sie getrieben haben, gewissenlos war, so hatte die Gesellschaft die Mitschuld, sie nicht rechtzeitig dafür gepackt zu haben. Nachträglich ihre ganze bürgerliche Existenz polizeilich zu gefährden, geht über jedes richtige Maß der Polizeigewalt hinaus. Solche Maßregeln geben den Führern den Heiligenschein und verschaffen der Lehre, welche zur Zeit der Erlassung des Socialistengesetzes bei den Anhängern selbst durch vielerlei Meinungszwiespalt erschüttert war, Glaubensmacht über die Geister ihrer Anhänger. Solcher Druck schmiedet die Massen erst recht zusammen. Alle Socialdemokraten — es sind die besten Arbeiter darunter — kann man nicht ausweisen ohne tiefe Beschädigung des Kapitals selbst, namentlich der hauptstädtischen Industrie. Die Zurückbleibenden behalten den Verband des täglichen Verkehrs, zu welchem sie die Fabriken der Kapitalisten selbst zusammenführen. Dahin bringt die Stimme der Führer von den Antipoden her, geschweige vom nächsten nicht im kleinen Belagerungszustande befindlichen Dorfe.

Die nicht wühlerische, jedenfalls die rein wissenschaftliche Kritik der zahlreichen Uebelstände, woran die liberal kapitalistische Gesellschaft krankt, und jede ebenso geartete Erörterung der Mittel der Abhülfe — Collectivproduction nicht ausgeschlossen — sollte auch der Socialdemokratie vollständig zurückgegeben und nur der wühlerische Preßmißbrauch gemeinrechtlich scharf angesehen werden. Irregeführte Massen können selbst durch die nachdrücklichsten Gründe und durch den besten Willen positiver Socialreform nicht bekehrt werden, wenn die Irrlehren nicht frei erörtert werden dürfen. Alle Antikritik verliert die Wirkung. Die positive Socialreform muß viel zu umsichtig vorgehen, um plötzlich und allgemein praktische Widerlegung zu bewirken. Die Presse der Socialdemokratie muß von der Regierung, von den Liberalen und von den Konservativen unabläßig zur Meinungsäußerung, zur positiven Darlegung des Zieles und der Mittel herausgefordert werden können, damit die Kritik und Reform der positiven Socialpolitik Erfolg habe. Die Sache der letzteren ist stark und kann — Sie selbst sagen es — nur gewinnen, wenn die Socialdemokratie mit ihrem letzten und äußersten Gedanken in nicht aufwiegelnder Form herausgehen darf und — muß.

Das äußerste Mittel des Staates gegen Umsturz ist die Armee. Diese bleibt unbedingt zuverläßig, wenn der Bauernstand und eine die Offiziere liefernde königstreue Gentry erhalten bleiben. Wie dieß geschehen könne, ist schon gesagt. An diesen Säulen darf nicht gerüttelt werden und braucht nicht gerüttelt zu werden.

Der Weg zu dem so wünschenswerthen Frieden Europas führt nicht durch die Abschaffung der Armee hindurch. Er bedeutet eine volkswirthschaftliche und sonstige Verwachsung gegenüber anderen Erdtheilstaaten, wie sie bald eine Nothwendigkeit werden wird; es wird mit dem Erdtheilfrieden gehen wie mit dem Landfrieden. Europa ist noch lange nicht im definitiven Friedenszustand, wenigstens nicht so lange es Millionen Socialrevolutionäre giebt.

Die Militärlast ist nicht unerschwinglich; die Deutschen vertrinken fünf Mal mehr, als die Armee kostet, und zahlen für das Heer kaum so viel, als die glorreiche amerikanische Republik für Militärpensionen im vorigen Jahre ausgab. Gerade die ergiebigsten Steuerquellen sind theils nicht angebohrt, theils nur verschüttet, nicht versiegt.

Das Institut der einjährigen Freiwilligen beanstande ich nicht. Es widerspricht weder wahrer Freiheit noch wahrer Gleichheit, wenn auch der Gemeine entlassen wird, so bald er tüchtig ist. Wenn die Armee sicher bleiben soll, so muß die Officierschaft der Gentry verbleiben, als deren unterste Abgrenzungslinien die Bildung und das Vermögen der Einjährigfreiwilligen sich darstellen. Eine andere Frage ist es, ob nicht noch andere Maßstäbe, als Mittelschulexamina, gefunden werden könnten, damit Jeder, der in kürzerer Zeit ein guter Soldat wird, aber aus dem praktischen Berufsleben hergekommen ist, ebenfalls die Scheidelinie soll übersteigen können. Ich bin nicht Militär und maße mir ein Urtheil über Mittel und Wege hiezu nicht an. Doch kann ich mich des Eindruckes nicht erwehren, daß vom fraglichen Institut eine viel zu einseitige Flucht der besseren Kräfte aus den praktischen zu den gelehrten Berufen bewirkt wird, und daß dieß einigen Antheil an der Erscheinung der Socialdemokratie hat. Kein Proletariat ist gefährlicher als das der arbeitslosen Halbbildung.

Ich begnüge mich, ferner nur die Fragen zu stellen: können die großen Städte, welche die zur Zeit noch revolutionäre Socialdemokratie massenhaft beherbergen, durch socialdemokratische Aufstände wirklich nicht überrumpelt werden? Sind die großstädtischen Zeughäuser sicher? Sollten nicht die großen Vorräthe an Geld und Banknoten außerhalb der Großstädte unter militärische Bewachung gestellt werden? Ist es nicht am Platze, die Regimenter der nächsten bäuerlichen Werbbezirke in die Hauptstädte zu verlegen, wenn es ohne Schädigung der Mobilmachung beim Kriegsfall geschehen kann? Mahnt nicht die Pariser Commune daran, im Kriegsfall den Hauptstädten einen Landsturm der Besitzenden, eine Bürgerwehr, zurückzulassen? Ich stelle diese Fragen, die nur durch die Organe der Sicherheitspolizei und durch militärische Fachleute sicher entschieden werden können.

Im Strafrecht ist gegen die Männer des Dynamits noch nicht genug geschehen, solange der politische Meuchelmord und die Aufforderung dazu nicht allgemein wie der gemeine Mord und dessen Anstiftung, Bestrafung und Auslieferung begründen. Das Interesse der Republiken fordert diesen Fortschritt, wie dasjenige der drei Kaisermächte. Der Mißbrauch des Asylrechtes durch Mordbrenner ist die wahre „Schande" des zur Neige gehenden neunzehnten Jahrhunderts.

Ich habe bereits mehrfach gezeigt, welche gewaltige Aufgaben schon nach der volkswirthschaftlichen Seite die auswärtige Politik für die Socialreform zu lösen hat. Nach der Seite der äußeren Gewalt zu Verhütung und Erdrückung socialer Revolutionsversuche hat dieselbe nicht geringere Bedeutung. Eine machtvolle Bürgschaft ist glücklicher Weise durch die Dreikaiserallianz — anscheinend für lange Zeit —

geschaffen. Zusammen können die drei Kaiserhöfe den europäischen Frieden dictiren; bei europäischem Frieden aber kann weder in Rußland, noch in Oesterreich, noch in Deutschland eine Kommune aufkommen. Alle drei Kaisermächte zusammen rennt die Socialdemokratie nicht über den Haufen.

Ich sehe namentlich in Oesterreich einen social werthvollen Factor der Allianz. In Oesterreich kann — Mangels der Nationaleinheit — eine ähnliche Sammlung der Socialdemokratie wie in Deutschland kaum stattfinden; das erregbare Naturell österreichischer Völker läßt vielleicht mehr Anarchisten entstehen, mit welchen die Polizei und Kriminaljustiz in ordentlicher und außerordentlicher Bewaffnung fertig werden; eine einheitliche Revolutionsarmee der Socialdemokratie hat Oesterreich-Ungarn nie zu fürchten. Oesterreich wird sich wie immer als der Hort der Erhaltung gegen den Umsturz bewähren.

Andererseits sorgt die Macht der freisinnigen und der nationalen Ideen in Deutschland und in Rußland dafür, daß aus dem Bund von Skierniewice nicht eine reactionäre, heilige Allianz werde, welche allerdings viel Wasser auf die Mühle der Socialdemokratie treiben würde.

In der Widerlegung der Irrlehren und in der Auffindung der Reformgedanken hat die Wissenschaft ihrerseits ihren Beitrag zur Verhütung der Socialrevolution zu liefern. Sie wird ihn gewiß leisten.

Nicht weniger bedeutend ist der abwehrende Einfluß der Moral und des religiös-kirchlichen Lebens.

Die Hebung auch der Moral, nicht blos des Wissens, ist Aufgabe der erziehenden Mächte der Gesellschaft. Diese Erziehung kann den übelsten moralischen Auswüchsen, welche dem extrem freiheitlichen Individualismus (Liberalismus, Kapitalismus) eigen sind, nämlich der Habsucht und dem Ehrgeiz, erheblich steuern, das Pflichtgefühl in beiden Gesellschaftsschichten, im Arbeiter- und im Unternehmerstand zugleich, heben. Dagegen wäre mit dem Ersatz der privatrechtlichen durch die öffentlichrechtliche Organisation der Volkswirthschaft noch keineswegs für die Ausrottung der specifischen Laster des extrem gleichheitlichen Individualismus gesorgt. Kapitalisten-Habsucht gäbe es allerdings nicht mehr, weil es Kapitalisten nicht mehr geben würde. Habsüchtige Ausbeutung der Arbeiterelite jedoch durch die Arbeitermasse wäre, wie gezeigt, so möglich wie wahrscheinlich. Dazu käme das specifische Laster des extrem gleichheitlichen Individualismus, der Neid der Gemeinen auf die Besseren; das öffentliche Leben — was wäre dann nicht öffentlich? — wäre in allen Poren mit Neid, Verstellung, Volksschmeichelei vollgetränkt. Diese Laster kämen in nie dagewesenem Maße und Grade zur Herrschaft. Der collectivistische Volksstaat ist also auch in der Moral dem Gesellschaftszustand mit Privatproduction für die Zukunft keineswegs überlegen. Ueberlegen ist diesem nur der Staat mit positiver Socialpolitik.

Auch die Kirche ist noch ein starker Damm! Klage der Katholicismus nicht mehr den Protestantismus als Vater der Socialdemokratie an. Der Protestant ist weder Deist, noch Atheist; die Orsinibombe, der Nihilistendynamit, der Voltärianismus und die erste Revolution sind nicht aus dem protestantischen Deutschland, sondern aus Italien, Rußland, Irland und Frankreich gekommen. In beiden großen Kirchen sieht es jetzt viel besser aus, als in der Zeit vor dem Hereinbrechen des socialdemokratischen Geistes. Die Gebildeten aller Confessionen, Nationen und Stände haben Schuld an dem Denken, Reden und Schreiben, dessen letzte Früchte Optimismus, Atheismus, Naturalismus sind. Der Geist, aus welchem die sociale Revolution geboren ist, scheint jedoch in den oberen Schichten viel Einbuße erlitten zu haben. Der Uebermuth der nichtigen Metaphysik des Materialismus, welche dem Theismus nicht nur nicht überlegen, sondern nicht einmal gewachsen ist, ist wohl für immer zurückgewiesen. Beide Kirchen selbst haben einen tüchtigeren Klerus, als sie vielleicht je hatten, den tüchtigsten haben beide Konfessionen im deutschen Reich. Die Aussichten der Socialdemokratie mit dem Volksglauben aufzuräumen, sind also ebenfalls schlecht. Im solidarischen Interesse der Kirchen und der Staaten an der positiven Bekämpfung der Socialdemokratie liegt ein Antrieb zum Frieden zwischen den Kirchen und zwischen der katholischen Kirche und dem protestantischen Staat.

Die Socialreform ist das Allen gemeinsame „praktische Christenthum". Für die Kirche besteht das letztere allerdings nicht in der Beschäftigung mit Nationalökonomie, sondern in der vollen Geltendmachung und Belebung des Gebotes, den Nächsten als sich selbst zu lieben. Das ergiebt die Achtung der leitenden und der dienenden Arbeit, die den kapitalistischen Einkommensproceß gründlich corrigirenden und ergänzenden Unterausheilungen, die Bewährungen der Gegenseitigkeit und der Wohlthätigkeit. Hier greift die christliche Kirche unmittelbar in das Spiel der Volkswirthschaft versöhnend ein, nebendem daß sie in geistigen Gaben Ersätze für Ungleichheiten des materiellen Glückes giebt. Die großen christlichen Kirchen leisten darin so Außerordentliches, daß auch an ihrem Werke die socialistische Revolution scheitern muß.

Der hauptsächliche Gegensatz der großen christlichen Kirchen liegt weniger in der Lehre, als in der Ordnung der Hierarchie. Hier ist die Kluft unüberbrückbar, aber sie ist nicht so tief, wie das gemeinsame Interesse einer atheistischen Socialrevolution gegenüber. Außer dem Bauernstand und der Armee aus dem Bauernstand ist die Kirche, auch die äußerlich gespaltene, ein weiterer unübersteiglicher Wall der bestehenden Gesellschaftsordnung.

Ich unterschätze die Gefahren der Ueberwucherung der politischen durch die kirchliche Parteibildung nicht. Nach meiner Ansicht ist dieß der schwärzeste Punkt am politischen Himmel des deutschen Reiches, vielleicht schwärzer, als die ganze Socialdemokratie selbst. Dennoch sehe ich nicht Alles schwarz. Sie schrieben mir vor zwei Jahren, ob es denn wahr sei, was nach Wien verlaute, daß in zwei Generationen Deutschland wieder katholisch sein werde. Ich bat Sie, die Lutherfeier abzuwarten. Diese hat die unzweideutige Antwort gebracht. Deutschland ist und bleibt in seiner Mehrheit protestantisch. Der Protestantismus mit der Errungenschaft der religiösen Glaubens- und wissenschaftlichen Denk-Freiheit wird so wenig untergehen als der Katholicismus. Die anstaltliche Polarisirung des Christenthums in die zwei großen Kirchen hat auch ihre gute Seite. Die protestantische Kirche würde ohne die katholische leicht in Subjectivismus, in Unglauben, in nationaler Cäsaropapie verenden, aber auch die katholische ohne Protestantismus wahrscheinlich an Ueberspannung der Autorität, an populärem Aberglauben und an der internationalen Herrschaft der Loge kranken. Jeder Protestant vermag den socialen Weltbau der katholischen Kirche — eine unvergleichliche Vereinigung monarchischer, aristokratischer und demokratischer Socialarchitektur — zu bewundern, nimmer fordere man von ihm, die katholische Hierarchie wieder anzunehmen. Man muthe nur dem Katholicismus auch nicht zu, chauvinistisch zu werden. Wenn diese Einsicht Platz greift, so wird trotz der Kirchenspaltung thatsächlich die nationale Einigkeit Deutschlands behauptet und jede einseitige Entartung beider Kirchen verhütet werden. Deutschland würde die nicht geringen Gefahren bedenklicher Ueberwucherung der politischen von der konfessionellen Parteibildung umschiffen. Die Ausnahmsgesetze gegen die Katholiken könnten fallen, ohne daß die antideutsche Wühlerei an den katholischen Reichsgrenzen freigegeben wird.

Auf Ausnahmsgesetze — vollends solche, welche an die Sterbesakramente rühren — muß man allerdings verzichten. Sie sind unwirksam, die eigentlichen Heerrufer des „Centrums". Ihre Schädlichkeit für den Staat macht für die Staatskunst die Frage überflüssig, ob sie nothwendig und gerecht waren. Die akatholische Mehrheit und die Glaubensfreiheit sichern das deutsche Reich vollständig gegen die Unterwerfung unter den unfehlbaren Papst in weltlichen Dingen. Der Protestantismus wird Deutschland national genug erhalten, um seinen Kaiser nicht mehr „über die Berge" gehen zu lassen, der Katholicismus dagegen die Aufsaugung katholischer Länder in Deutschland unmöglich machen, was dafür bürgt, daß Oesterreich gefahrlos mit Deutschland gehen kann. Ein deutsches Reich, welches durch Eroberungen in Oesterreich eine katholische Majorität für Deutschland hergestellt hätte, wäre einfach unregierbar. Es ist gut gefügt, daß in Deutschland die Protestanten, in Oesterreich die Katholiken die Mehrheit haben. Der Friede und das Vertrauen unter den Kaisermächten ist so gegen alle Versuchungen der Eroberungslust geschützt. In diesem Vertrauen liegt der Socialrevolution gegenüber sehr viel Widerstandskraft der Monarchieen!

Dafür, daß das kirchliche Christenthum nicht wieder in den Buchstabenglauben der Massen versinke, daß die Metaphysik desselben auch symbolisch mit jeder sicheren Erfahrungsthatsache im Einklang bleibe, wird zum Heile der Kirchen die durch die kritische Epoche für immer errungene Freiheit des Glaubens und der Forschung sorgen. Der Kriticismus, selbst die Freiheit des Unglaubens, ist Bürgschaft, daß die Kirchen immer wieder in eine innerliche Verfassung kommen, welcher auch die Atheisten Nichts anhaben können. Es giebt Religionen, die länger bestanden, als das Christenthum, aber keine, welche auf einem so ungeheuer bewegten Geschichtstheater, wie das Abendland es seit Kaiser Augustus war, in der Flucht der weltlichen Gewalten und der philosophischen Meinungen so zäh und kräftig war, um eine Welt wie die römische zu überwinden, das Mittelalter der fortgeschrittensten Völker religiös zu durchsättigen, dreihundert Jahre Kriticismus zu überdauern und heute noch die Völker ihrer großen Mehrheit nach im Heiligsten, was es für sie giebt, zu fesseln. Offenbar hat die Socialdemokratie gar keine Aussicht, diesen Fels mit Dynamit zu sprengen. Mag die Kirche dem Atheisten ein Gräuel, eine Hydra sein, deren Vernichtung wünschenswerth ist. Als Volksmann und als Rechner kann der Socialdemokrat sich nicht verhehlen, daß die christliche Kirche für das Volk die Gleichheit vor Gott bedeutet, und daß, wenn ihr die

Kommune in den Hauptstädten den Kopf abschlüge, aus dem Volk der Kirche immer wieder Köpfe und Glieder erwachsen würden.

Nachdem die Socialdemokratie ex cathedra den Atheismus als ihre Religion bekannt hat, sind nicht ihre Gegner schuldig, wenn sie die Stärke des christlichen Theismus dem socialdemokratischen Atheismus gegenüber wägen, wie ich das soeben habe thun müssen. Es galt nicht, ein persönliches Bekenntniß abzulegen; wir spielen nicht öffentlich Faust und Gretchen. Es galt, die Aussichten der Socialdemokratie und die wahrscheinliche Macht des Christenthums den Socialdemokraten gegenüber ohne Frömmelei und Heuchelei zu bemessen. Es galt auch gar nicht, die exacte Wissenschaft herabzusetzen; was von dieser wirklich als Erfahrungsthatsache erwiesen wird, dem darf von der Glaubenslehre nicht widersprochen werden. Es galt auch nicht, die buchstäblichen Deutungen, welche gewissen Thatsachen und Bibeltexten gegeben worden sind, zu rechtfertigen; auch die christliche Metaphysik ist nicht annehmbar und die Auslegung der Bibel nicht wahr, wenn sichere Thatsachen der Erfahrung wirklich mit ihr im Widerspruch stehen; nur muß der Widerspruch bewiesen sein, wenn er die Läuterung der christlichen Metaphysik erzwingen will. Der wahre Glaube kann der wahren Wissenschaft auf die Dauer nicht widersprechen. Derselbe widerspricht ihr auch nirgends unlösbar, soweit ich nach meinem in den letzten Jahren wie Sie wissen betriebenen Studium der christlichen Apologetik hierüber urtheilen kann. Deßhalb glaube ich auch nicht an die Verdrängung des Glaubens durch die Wissenschaft oder des alten Glaubens durch den neuen Un- und Aberglauben. Die Allianz mit dem Atheismus giebt der Socialdemokratie keine Macht über die Zukunft.

Verehrter Freund! Um Ihnen in möglichst kurzer Zeit die vielen Aussichten der Socialreform zu zeigen, mußte ich Sie einen steilen und holperigen Weg führen. Wir sind am Ziele. Auf der Höhe, welche wir etwas mühselig erklommen haben, können wir jetzt — hinweg über das drunten tobende Gewühl widerstreitender Meinungen — das abschließende Urtheil schöpfen. Wie sehr über die einzelne Maßregeln, über den Umfang und den Zeitpunkt ihrer zweckmäßigen Anwendung, die Entscheidung vorbehalten werden muß, so steht doch im Ganzen — davon sind Sie nun wohl überzeugt — eine Fülle positiver Reformen zu Gebote, woferne man die „sociale Frage" so lösen will, wie jedes vergangene Zeitalter seine „sociale Frage" gelöst hat und jedes künftige die seine lösen wird: durch Fortbildung des Bestehenden, durch zeitgemäße Reform. Die rein öffentlichrechtliche Lösung ist völlig unbrauchbar. Nicht weniger die rein privatrechtliche. Die allgemeine und reine Collectivproduction mit Ertragstheilung nach dem Beitrag zur Socialarbeitszeit ist für immer ausgeschlossen, schon die Robbertus'sche, geschweige die socialdemokratisch regierte. Wie weit neben der Privat= auch Collectiv=Production einst Platz greifen wird, darüber braucht man sich den Kopf einer fernen Zukunft nicht zu zerbrechen; für heute und für lange sichert die durch das öffentliche Recht im Geiste und Interesse wahrer Freiheit und Gleichheit geordnete Privatproduction weit größeren Erfolg für das Ganze und für die Einzelnen. Die positive Socialreform verspricht Hülfe nicht blos dem Industrieproletariat, sondern auch den mühseligen und beladeneren Volksschichten der Kleinbauern, der Handwerker, der Hausindustriearbeiter, der Taglöhner. Dieselbe ist jedoch ein vielgliedriges Ganzes ineinandergreifender Maßregeln, welche auch allen Antisemitismus überflüssig machen. Keine einzige derselben ist radikal, keine bedarf eines Apparates eindringender bureaukratischer Bevormundung. Die werthvollen Errungenschaften der jetzt ablebenden liberal=kapitalistischen Epoche sind der positiven Socialreform nicht blos nicht zu opfern, sie werden durch dieselbe erst für Alle wirksam. Die persönliche Freiheit und Gleichberechtigung wird — unter Befruchtung des Gebrauches der Privatrechtsinstitutionen durch die Vereine, durch die Genossenschaften und durch die Berufskorporationen, durch die Schule und die Kirche, durch die Gemeinde und durch den Staat — eine Wahrheit für Alle werden, ohne die verhältnißmäßige Mehrgeltung und Mehrvergeltung der Aristokratie des persönlichen Verdienstes auszuschließen. Auf demselben Wege erblickten wir die Möglichkeit der inneren Selbstbefreiung des Proletariates aller Schichten von Schlendrian und Schollenkleberei, die Ausführbarkeit der Betheilung Aller mit Vermögen und mit Antheilen an den Rentenquellen, sowie die Thunlichkeit des Emporsteigens der Tüchtigsten auch aus dem Proletariate zu jeder Sprosse der socialen Leiter, ferner den Boden der Befriedigung selbst des brennendsten Ehrgeizes der im Lohndienst verbleibenden Arbeiter, endlich die Ergänzung der kapitalistischen Güterverteilung durch die allgemeine Gegenseitigkeit und Wohlthätigkeit. Das Alles und Anderes, was berührt worden ist, kann man erreichen, ohne an irgend einem social wesentlichen Moment der Productionsführerschaft des Kapitals rütteln zu müssen. Die positive Socialreform übertrifft also den privatrechtlich=civilgerichtlichen wie den öffentlichrechtlich=collectivistischen Socialismus weit an erreichbarem Erfolg und Einfachheit der Mittel; der Staat hätte dabei nirgends seine natür=

liche Stellung eines centralen Willens- und Machtorgans zu überschreiten; er kann sich immerfort beschränken auf die nöthigsten centralen Hemmungen, Anregungen und Organisationsnöthigungen, welche zur Vermeidung der Störungen im fruchtbaren Getriebe und Gewühle der individuellen Freiheit unerläßlich sind. Weder extremer Individualismus, noch extreme Gemeinschaftlichkeit steht in Frage, vielmehr die Befreiung aller Individuen durch Satzung und Anstaltszwang der Gemeinschaft und der Fortschritt der Gemeinschaft durch die freie Arbeit der Einzelnen. Auch die „Reaction" auf alte Gesellschaftsordnungen ist nicht nothwendig. Die Mittel und die Formen sind nicht dem Feudal- und Polizeistaat einer abgelebten Epoche entlehnt; sie haben mit diesen Nichts Anderes gemein, als die Thatsache positiver Ordnungen, innerhalb deren die individuelle Freiheit und Gleichheit beim rechtlich geordneten Daseinskampf fruchtbar waltet; im Uebrigen sind sie weit mehr gegliedert, specialisirt, in ihrer Specialität von nationaler Spannweite; sie fassen eine viel größere Fülle wahrer Freiheit, Gleichheit und Brüderlichkeit.

Gleichwohl bin ich nicht der Meinung, daß die Führer der Socialdemokratie vor irgendwelchen Beweisgründen die Segel streichen und den Parteizusammenhang plötzlich auflösen werden. Wenn sie mit Engelzungen widerlegt wären, so wären sie noch lange nicht aus der Welt geschafft. Ich bedaure das auch gar nicht. Die Socialdemokratie muß solange bleiben, sogar wachsen, bis sie die bestehende Gesellschaft gezwungen hat, auf der ganzen Linie die positive Socialreform auch wirklich in Angriff zu nehmen und vorbehaltlos durchzuführen, was noch lange nicht geschehen ist. Hat sie diese geschichtliche Sendung erfüllt, dann wird sie selbst bewirkt haben, daß auch das Proletariat die Zukunftstaube auf dem Dache des Socialistenstaates sitzen lassen und mit den greifbaren Früchten der unter dem Angriff der Socialdemokratie hervorgetriebenen Reformpolitik sich befreunden wird. Auch dann wird das heutige Heerlager der Socialdemokratie nicht ganz abgebrochen werden. Die Mehrzahl wird die streitende Armee der radicalsten Reformrichtung werden und diese äußerste Linke einer positiven Socialpolitik wird als Sauerteig des Fortschritts und als Gegengewicht gegen den Rückfall in den geschehen lassenden Liberalismus dem wahren Fortschritt die besten Dienste leisten können.

Auf Grund der vorstehenden Beweisführung spreche ich mit der unumstößlichen Gewißheit einer allseitig durchdachten Ueberzeugung den Satz aus: als entschiedenste Socialreformpartei wäre die Socialdemokratie, auch wenn sie den Namen nicht ablegt, sachlich nicht mehr demokratischer Collectivismus, wäre sie ungefährlich. Als collectivistische Secte ist und bleibt sie — aussichtslos.